엄마가 알려주는 **간단, 날씬 레시피**

딸에게 전하는
엄마의 건강 요리

딸에게 전하는
엄마의 깜깜 요리

지은이 | 최월규
펴낸이 | 배기순
펴낸곳 | 하남출판사

초판1쇄 발행 | 2015년 6월 15일

등록번호 | 제10-0221호

서울시 종로구 관훈동 198-16 남도B/D 302호
전화 (02)720-3211(ft) | 팩스 (02)720-0312
홈페이지 http://www.hnp.co.kr
e-mail: hanamp@chollian.net, hanam@hnp.co.kr

ⓒ 최월규, 2015

ISBN 978-89-7534-228-8(13590)

엄마가 알려주는 **간단, 날씬 레시피**

딸에게 전하는
엄마의 건강요리

최월규 지음

하남출판사

　이 책의 저자인 최월규 선생님은 언제나 배움의 자세를 잃지 않으시는 분이다. 간호사로 재직하면서 이미 건강한 몸에 대한 지식을 탄탄히 습득하셨고, 매일 해 먹는 음식으로 가족들의 건강을 지키는 일에 애쓰면서 다양한 레시피와 노하우를 체득하신 솜씨 좋은 엄마로 정평이 나 있다.

　수년 전에는 사찰음식에도 깊은 관심을 가지고 전문가 과정을 수료하면서 문화센터 강의도 하는 열정을 보이셨다. 그리고 꾸준히 노력한 결실을 이 한 권의 책에 담으셨다고 한다.

　어느 날 손글씨로 써 내려간 정성이 가득한 선생님의 글을 보고 가슴이 뭉클한 적이 있다. 결혼한 딸들이 어린 시절부터 먹던 엄마의 요리를 꼼꼼한 레시피 노트로 전하다가 이제는 모두의 딸들이 볼 수 있는 귀한 요리책으로 만드신다고 하셨다.

　딸들을 위한 이 요리책은 다양한 건강 레시피와 간편하고 쉬운 조리 방법으로 시선을 빼앗는다. 이렇게 완성한 요리를 이세용 작가가 만든 예쁘고 멋진 도자기에 담아내니 음식에 맞는 그릇의 선택과 담는 법까지 함께 엿볼 수 있는 기회가 된다.

　딸과 사위에게는 부모님의 정성과 사랑이 듬뿍 담긴 최고의 유산으로, 독자들에게는 따라하기 쉬운 다양한 건강식을 얻게 되는 시간이 되리라 믿는다.

이지(利智)사찰음식 문화원장　전효원

당뇨의 가족력이 있는 가정에서 태어나 어린 아기 때부터 당뇨 치료에 맞춰진 식단과 토종 음식을 먹고 자란 아이가 어느새 한 가족을 이루고 밥상을 챙겨야 되는 30대 초반의 새댁이 되었다.

　그동안 별 생각 없이 먹던 반찬을 '엄마는 대체 어떻게 만들었지?' 하면서 인터넷을 찾아서 따라해 보지만 어릴 때 먹던 그 맛이 아니라며 전화를 해 온다. 그 아이들을 위해 가장 기본이 되는 재료의 손질과 선택법을 알려주고, 자주 이용하는 반찬을 조금 더 편리하고 쉽게 만들 수 있는 방법에 대해 써 보기로 하였다.

　젊은 나이부터 건강에 좋은 재료를 선택하는 습관을 들이도록 하였고, 기름에 튀기는 요리보다는 가능한 찌거나 굽고 삶아서 만들 수 있는 요리법을 선택하였다. 또한 꼭 튀기고 부쳐야 한다면 기름을 최소한으로 줄이는 조리법을 선택했다. 이러한 조리 방법으로 좀 더 건강한 음식을 만들어서 온 가족이 식탁에 둘러앉아 몸과 마음이 편안하고 입이 즐거운 시간을 찾게 되었으면 한다.

지은이 최월규

PART 1 고기요리

PART 2 생선요리

PART 3 채소요리

PART 4 샐러드

PART 5 장아찌

요리에 들어가기 전에

영양의 균형을 맞춰서 음식을 만들 때 기본으로 알아두어야 할 몇 가지를 소개하고자 한다.
우선 밥상을 차리기 전에 필요한 칼로리를 계산할 수 있는 지수표를 확인해보자.

❖ 칼로리 기준표

돼지고기 (100g 기준)

앞다리	181 kcal	뒷다리	235 kcal
안심	186 kcal	등심	236 kcal
사태	270 kcal	갈비	314 kcal
삼겹살	417 kcal	볼기살	158 kcal
채끝살	126 kcal	갈매기살	188 kcal
항정살	264 kcal	껍데기	284 kcal

소고기 (100g 기준 3등급 1++)

등심	117-286 kcal	앞다리	102-170 kcal
채끝살	113-272 kcal	안심	148 kcal
양지	104-202 kcal	갈비	307 kcal
목심	102-223 kcal	사태	130 kcal
우둔	106-173 kcal		

기타 주재료

닭가슴살(생것)	110 kcal	닭가슴살(구운것)	140 kcal (양념에 따라 다름)
오리고기	337 kcal (껍질을 제거하면 낮아짐)	우유	100 kcal
계란(삶은것)	80 kcal	고구마(찐것)	128 kcal
토마토	35 kcal	바나나(1개)	100 kcal

＊ 농촌진흥청 참고

1) 표준 체중

- 남자: 표준 체중 (kg) = 키 (m) x 키 (m) x 22
- 여자: 표준 체중 (kg) = 키 (m) x 키 (m) x 21

예) 키가 165cm인 여자

표준 체중 = 1.65 x 1.65 x 21 = 57.162(57.2kg)

2) BMI (체질량지수) = 체중 ÷ 키 (m) x 키 (m)

예) 키 170cm, 몸무게 65kg인 사람

BMI = 65 ÷ (1.7 x 1.7) = 22.491

18.5 미만	저체중	
18.5 - 22.9	정상 범위	
23.0 ≤	과체중	
23.0 - 24.9	위험 체중	
25.0 - 29.9	중등도 위험	➜ 비만 1단계
30.0 ≤	고도 위험	➜ 비만 2단계

3) 하루 필요한 칼로리 계산법

나이, 직업, 성별, 활동량, 비만도에 따라 다르지만 일반적으로

a. 비만이 아니거나 움직임이 있는 사람인 경우

표준체중 (kg) x 30 (kcal)
예) 키가 165cm인 여자 : 57.2kg x 30 (kcal) = 1,716kcal

b. 비만인 경우

표준체중 (kg) x 25 (kcal)
예) 키가 165cm인 여자 : 57.2kg x 25 (kcal) = 1,430kcal

❖ 건강하고 일상적인 재료들

식이섬유와 비타민, 무기질이 풍부한 식재료와 저지방, 저염도, 저콜레스테롤의 조리법을 선택해서 이용해 보자.

1) 식이섬유가 풍부한 재료

식이섬유는 당의 소화흡수를 늦춰서 혈당치의 상승을 완만하게 만들어주고, 나트륨 배출을 촉진시켜서 혈압상승을 억제해준다. 또한 식사 후 포만감을 느낄 수 있고 변비해소나 유해물질 배출에도 효과가 있어서 비만 예방에도 효과가 있다.

식이섬유는 불용성 식이섬유와 수용성 식이섬유가 있는데 수용성 식이섬유는 뿌리채소, 현미, 해조류에 많이 있고 불용성 식이섬유는 콩류에 많이 포함되어 있다.

❶ 당근 : 활성 산소를 억제해 면역력을 높여준다. 리코펜이 풍부해 눈 건강에 도움이 된다. 칼륨, 칼슘, 식이섬유가 풍부해서 변비, 고혈압, 동맥 경화가 예방된다.

❷ 우엉 : 불용성, 수용성 식이섬유를 모두 포함하고 있어서 변비 개선을 한다. 이눌린 성분이 포도당의 흡수를 더디게 하고 콜레스테롤 수치를 떨어뜨려 주며 동맥 경화에도 효과적이다.

❸ 연근 : 불용성 식이섬유가 풍부해 변비 개선을 하고 뮤신은 콜레스테롤을 억제한다.

❹ 기타 : 마, 상추, 배추

2) 저지방 재료

동물성 지방뿐만 아니라 탄수화물을 많이 섭취했을 경우에도 소화대사에 의해 당질로 변하여 우리 몸에 지방으로 축적된다.

따라서 탄수화물, 단 음식, 지방이 많은 음식을 절제한다면 내장 내 지방 축적을 줄일 수 있다. 또한 늦은 저녁을 금하고 음식을 꼭꼭 30회 이상 씹어서 먹는 것도 도움이 된다. 지방을 섭취해야 될 때는 동물성 보다는 식물성 지방을 이용해보자.

예) 단백질 식품인 콩류, 어패류, 기름이 적은 고기

3) 저염 재료

염분을 과다 섭취하면 혈액 내 나트륨 농도가 높아져서 삼투압에 의해 수분이 끌어당겨지면서 혈압이 상승하게 된다.

WHO(세계보건기구)의 성인 1일 권장 나트륨의 양이 5g인데, 우리 식단에는 많은 양이 반찬에 첨가되고 있어 나트륨 권장량을 초과 섭취하고 있다. 따라서 김치를 담글 때 소금물을 이용하여 절이면 저염 섭취에 도움이 되고 찌개나 국을 끓일 때도 천연 조미료로 감칠맛을 내서 염도를 낮추거나 식초, 향신료, 향 채소, 음식의 온도를 이용하여 저염 음식을 만들고 칼륨 성분이 많은 채소나 과일을 섭취하여 나트륨 성분을 몸 밖으로 배출시키는 것도 방법이 된다.

예) 고춧가루, 생강, 후추, 마늘 등의 향신료, 칼륨 성분이 많은 마, 당근, 콜리플라워, 깻잎, 청경채, 토마토, 근대, 아욱 등의 채소

4) 단백질이 풍부한 식품 섭취

나이가 들수록 근육양이 줄기 때문에 단백질 섭취는 꼭 필요하다. 하루에 필요한 단백질량은 몸무게 1kg당 0.8g으로 계산한다.

예) 몸무게 50kg x 0.8 = 40g(40g이 꼭 필요한 양이다)
기름기 없는 고기를 골라서 40g을 섭취하거나 콩류, 흰살
생선, 계란 등을 돌아가면서 섭취하면 도움이 된다.

5) 비타민, 무기질이 풍부한 재료

제철에 나는 채소를 이용하면 싼 가격에 풍부한 영양소를 섭취할 수 있다.

* 항산화 비타민을 함유한 식품

: 항산화 작용을 하며 심혈관 질환 예방, 고혈압 예방, 노화방지
에 효과가 있는 카로티노이드계 색소를 함유한 식품군.

예) 카로티노이드계 색소를 함유한 식품 : 토마토(리코펜), 가지
(안토시닌), 호박(베타카로틴), 단호박(베타카로틴), 피망 · 파프리카
(베타카로틴), 브로콜리 · 부추(베타카로틴), 아스파라거스(베타카로
틴), 쑥갓(베타카로틴), 파의 녹색 부분, 청경채, 깻잎, 샐러리,
참나물 등

❖ 요리 전에 미리 준비할 것

❶ 늘 맛을 고르게 내기 위해 계량 컵과 계량 스푼을 이용하면 도움이 된다.

❷ 단맛을 내는 것 : 설탕(유기농), 조청, 과일청, 과일, 대추

❸ 짠맛을 내는 것 : 천일염, 구운 소금, 죽염, 국간장(청장), 양조간장, 된장, 고추장

❹ 용도에 맞는 기름 : 현미유(발열점이 높다), 참기름(열에 약하다), 들기름(참기름보다 열에 강하나 산패의 우려가 있으므로 어둡고 서늘한 곳에 보관한다), 올리브 오일(저온가열, 샐러드 드레싱), 호두기름

1) 채수 만들기

재료 건표고 5~6장, 다시마(10 x 10 정도) 2장, 물 1L(5C)

❶ 물 1L에 표고버섯을 잘 씻어서 넣고 다시마는 물기를 꼭 짠 깨끗한 행주로 하얀 가루를 닦아낸다.

❷ 냄비에 물, 표고버섯, 다시마를 넣고 10분 정도 끓인다.

❸ 물이 끓으면 다시마를 건져내고 약한 불에서 10분 정도 더 끓여서 국물이 진하게 우러나면 표고버섯도 건져낸다.

❹ 채수는 식혀서 냉장 보관해서 국물이 필요할 때 사용한다.

2) 맛간장 만들기

채수와 우리 콩 진간장의 비율을 4 : 1로 만들어 냉장 보관하면서 조림 등에 사용한다.

＊ 맛간장을 만들 때 알아두어야 할 것

❶ 채수에 다른 재료를 넣고 끓이면 빨리 상하기 때문에 기본으로 다시마, 표고버섯만
넣고 국물을 낸다.

❷ 각자의 기호에 따라 채수에 무, 멸치, 북어머리, 새우 등을 넣고 용도에 맞게 끓여서
사용한다.

❸ 다음을 알아두면 편리하게 이용할 수 있다.

＊ **녹말풀**　녹말 : 물 = 1 : 2

＊ **죽**　쌀 : 물 = 1 : 5~9(주로 6~7)

＊ **한천을 이용할 때**　물(또는 채수) : 한천 가루(이때 한천의 양은 정확하게 사용한다)

　　　　　　　　2C　　 : 　1과 1/2T

❖ 장아찌 만드는 법

1) 장아찌의 원리

❶ 장아찌는 수분 처리가 중요하다.

❷ 재료의 단단한 정도와 금방 먹는 것인지, 보관했다 먹는 것인지를 고려해야 한다.

❸ 재료를 된장, 간장, 고추장에 무쳤을 때 가장 맛있는 것으로 장아찌를 만든다.

❹ 재료보다 많은 양의 장을 넣어야 장아찌 맛이 변하지 않는다.

❺ 결점을 보완해서 장점으로 만드는 것이 양념이므로 양념을 최소한으로 사용한다.

❻ 된장, 고추장, 간장의 침투 속도가 다르므로 먹을 때를 생각해서 장을 선택한다.

❼ 담아서 냉장 보관을 한다.

❽ 다 먹고 남은 장들은 냄비에 끓여 수분을 날린 후 다시 재료를 넣어 사용한다.

2) 장아찌 기본 비율

❶ 물 : 간장 : 설탕 : 식초

   4 : 2 : 1 : 1

❷ 재료에 따라 물의 농도만 조절한다.

❸ 물의 비율이 7 이상이면 부패되기 쉬우므로
   4~6으로 한다.

Part 1
고기요리

고기
요리

가지 고기찜 / 252kcal

채끝살은 허리뼈 부위의 등심근으로만 구성되어 있다. 소고기의 부드러운 단백질과 근내지방의 고소한
향미가 어우러지는 맛을 즐길 수 있는 부위로 일반적으로 볶음, 구이, 산적 등의 요리에 많이 이용된다.
단백질이 풍부하기 때문에 필수아미노산을 충분히 갖춘 양질의 단백질원이다.

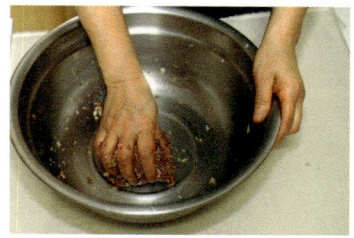

재료 가지 2개(200g), 소고기(채끝살 간 것) 150g, 양파 1/4개 (50g), 생강 20g, 청·홍고추 각 1/2개, 녹말 1T, 소금 1/4t, 후추·참기름 약간

소스 맛간장 2T, 식초 1/2T, 꿀 1/2T

● 요리하기 ●

❶ 가지를 잘 씻어 꼭지를 자르고 길게 반으로 갈라 3등분하고 속을 조금 파낸다.

❷ 가지를 소금에 살짝 절여서 키친타월로 물기를 뺀다.

❸ 양파, 청·홍고추, 생강, 가지 속 파낸 것을 곱게 다진다.

❹ 소고기 간 것에 ③과 후추, 참기름, 소금을 섞어 한참 치댄다.

❺ 속 파낸 가지에 녹말을 얇게 바르고 ④로 채운다.

• 고기가 너무 두꺼우면 잘 익지 않으니 주의한다.

❻ 김이 오른 찜통에 ⑤를 넣고 고기가 익을 정도로 찐다.

❼ 소스와 곁들여서 상에 낸다.

마른 팬에 고기 쪽부터 구워서 앞뒤를 노릇하게 지져도 좋으며, 시중에서 구할 수 있는 핫소스를 이용해도 개운한 맛이 있다.

계란 중탕찜 / 140kcal

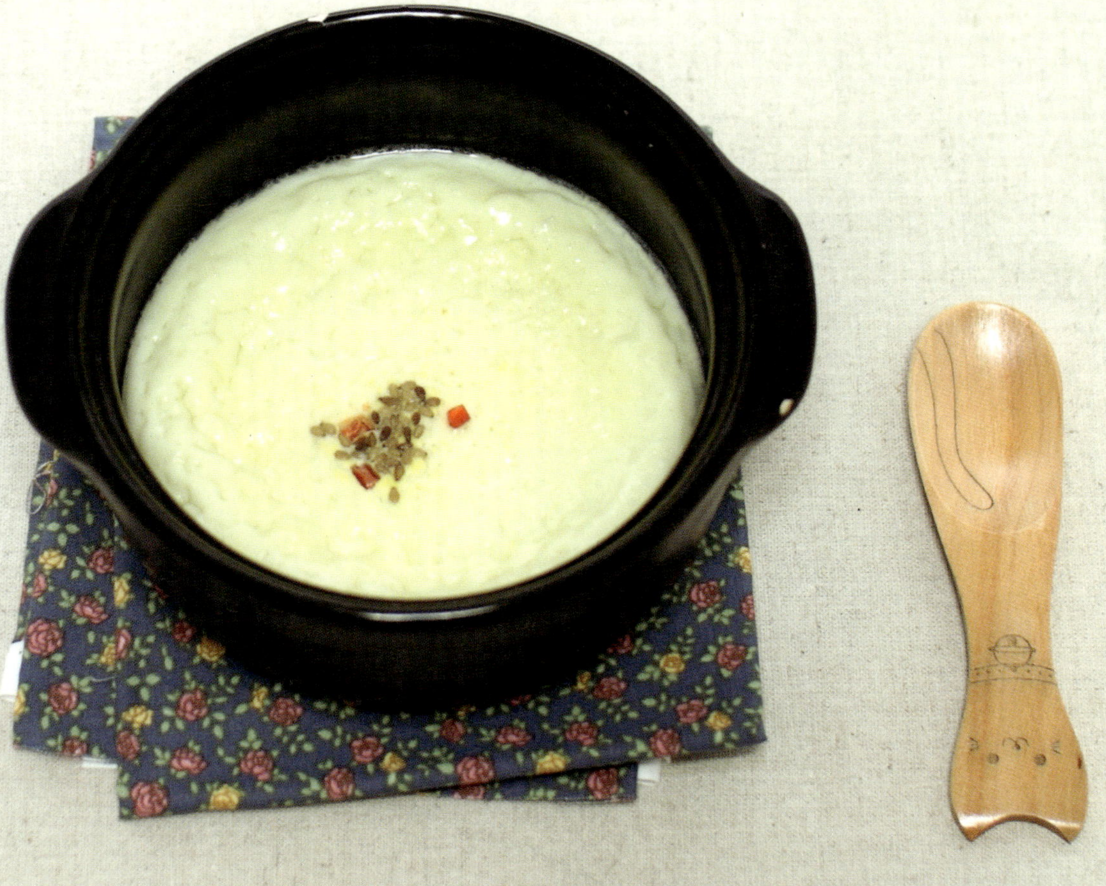

계란에는 라이신과 메티오닌, 그리고 비타민 E 등의 영양소가 골고루 함유되어 있다. 계란 흰자는 주로 단백질이며, 계란 노른자는 단백질 외에 레시틴, 비타민 A · B2 · D · E, 철분, 칼슘 등이 풍부하게 포함되어 있다. 또 흰자는 유기물을 흡수하는 능력이 있고 노른자는 영양작용을 한다. 한의학에서 계란의 흰자는 기를 보충해 주며, 노른자는 피를 보충해 준다고 한다.

재료 계란 2개, 채수 1/2C, 소금 1g, 다진 파 1/2t, 통깨 약간

• 요리하기 •

❶ 계란에 소금 1g을 넣고 잘 저어 채수와 섞는다.
• 계란 1개에 물 1/2C을 넣으면 부드럽다.

❷ ①의 계란을 체에 거른다.

❸ 도자기 냄비나 스테인리스 그릇에 넣고 통깨나 송송 썬 파를 얹는다.

❹ 큰 냄비에 물을 넣고 ③의 그릇을 넣고 뚜껑을 닫은 다음 큰 냄비 뚜껑도 덮는다.

❺ 계란이 다 익은 후 바로 뚜껑을 열지 말고 불을 끈 다음 뜸을 들인다.
• 물이 끓을 때까지는 센불을 사용하고 중불에서 10분 정도 끓여서 확인 후 불을 끈다.

TIP
물 대신 채수를 사용해도 좋다. 소금 대신 새우젓을 사용해도 좋으며, 명란의 껍질을 제거하고 계란에 잘 풀어서 쪄도 맛이 좋다.

계란 토마토 목이버섯 볶음 / 200kcal

흔히 '영양 덩어리' 라고 불리는 계란의 지방은 체내에서 잘 분해되기 때문에 소화 흡수가 잘되며, 계란의 단백질은 다른 단백질의 흡수율을 높이는 성질이 있다. 때문에 포만감을 느끼게 하여 식욕억제 효과가 있다. 또한 계란에 풍부하게 들어 있는 루테인 성분은 눈 건강에 도움을 주며, 비타민 E와 콜린 성분은 항산화작용을 한다고 알려져 있다.

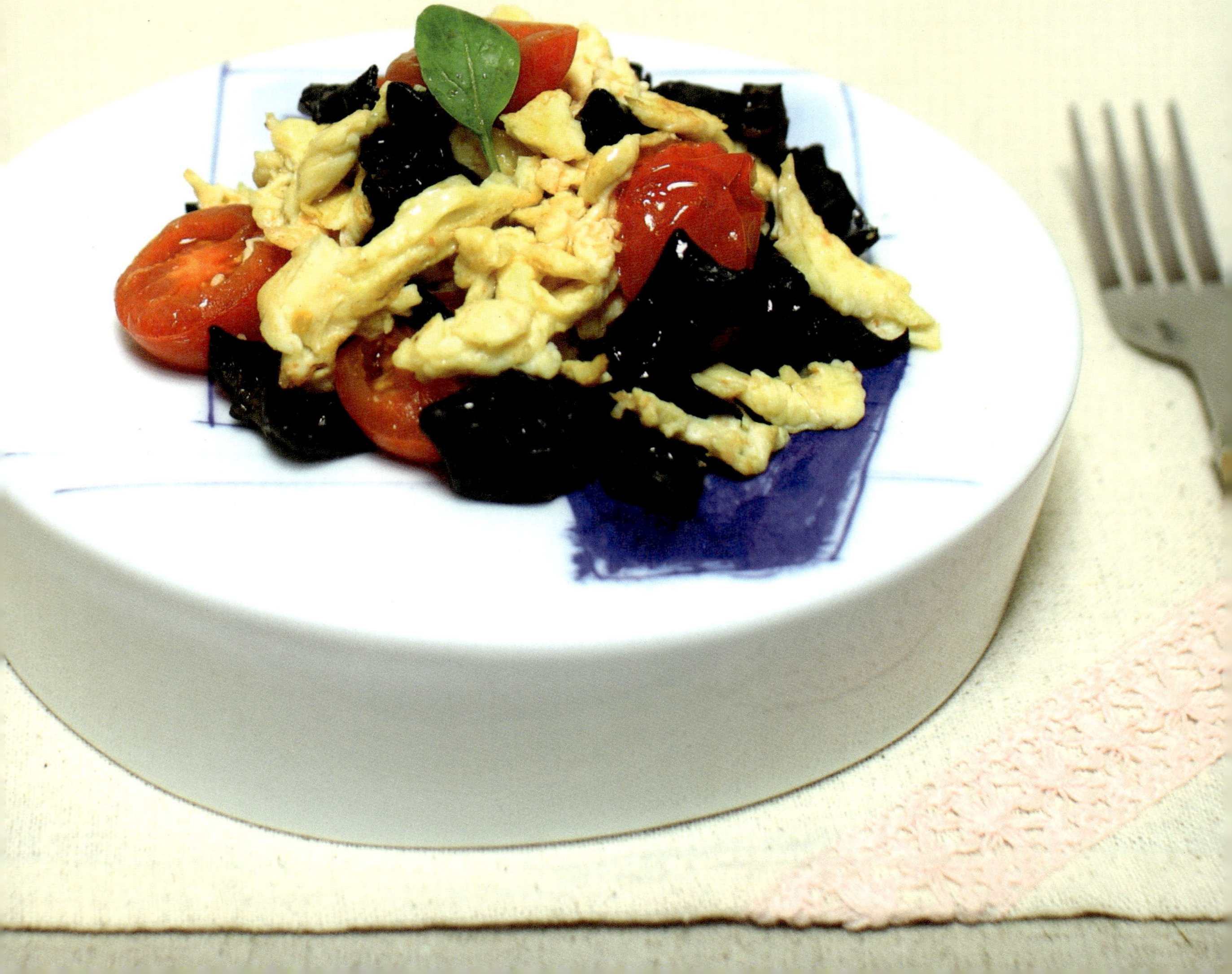

재료 계란 2개(1개 50~60g), 방울토마토 10개, 목이버섯 10g(5~6개 정도), 소금 약간, 식용유 약간

● 요리하기 ●

❶ 계란에 소금 1g 정도를 넣고 잘 저어서 체에 걸러 준다.

❷ 목이버섯은 물에 불려서 큼직하게 찢어 놓고 딱딱한 부위는 제거한다.

❸ 방울토마토는 끓는 물에 데쳐서 껍질을 벗기고 반으로 갈라 놓는다.

❹ 프라이팬을 뜨겁게 달군 후 식용유를 조금 넣고 풀어 놓은 계란을 가장자리부터 부으며 주걱으로 으깨어 스크램블 에그를 만든다.

❺ ④에 방울토마토를 넣고 중불에서 익히면서 목이 버섯을 넣고 볶아준다.

❻ 토마토가 익으면서 흐물거리면 소금을 살짝 뿌려 준다.

❶ 완성이 되었을 때 바질의 잎을 뜯어서 같이 섞어주면 향이 좋다.

❷ 브로콜리 꽃대를 같이 넣어 볶아도 고소한 맛이 있다.

❸ 방울토마토 대신 큰 토마토를 사용하면 완성이 되었을 때 수분이 많아 촉촉하다.

단호박 계란찜 / 150kcal

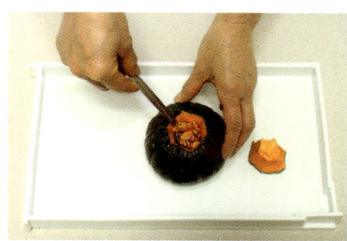

재료 단호박 1개(주먹만한 크기 250g), 계란 1개, 채수 2T, 소금 약간

• 요리하기 •

❶ 단호박 껍질을 요리 솔로 잘 닦은 후, 꼭지 쪽을 칼로 따서 속의 씨를 긁어낸다.

❷ 계란을 잘 풀어서 소금을 약간 넣고 채수 2T를 넣어 체에 거른다.

❸ 호박 속에 ②를 붓고 호박 뚜껑을 덮는다.
  • 계란물은 호박 뚜껑이 덮히는 부분까지만 붓는다.
  • 많이 부으면 계란이 익으면서 뚜껑을 밀어내고 넘친다.
  • 단호박이 아주 작으면 채수를 넣지 말고 계란만 풀어서 사용한다.

❹ 찜통에 호박을 넣고 15분 정도 찐다.

❺ 호박과 계란이 익으면 4~6등분해서 접시에 담아낸다.

TIP

계란을 보관할 때는 뾰족한 부분을 아래로 하여 냉장고(4℃ 정도)에 놓아두면 미생물의 번식을 방지할 수 있다. 계란은 껍질을 통해 호흡하고 있어서 보관 중에 냄새를 흡수하기 쉽기 때문에, 가능한 냄새가 강한 식품과는 멀리 하는 것이 좋다.

고기
요리

닭 토마토 조림 / 950kcal

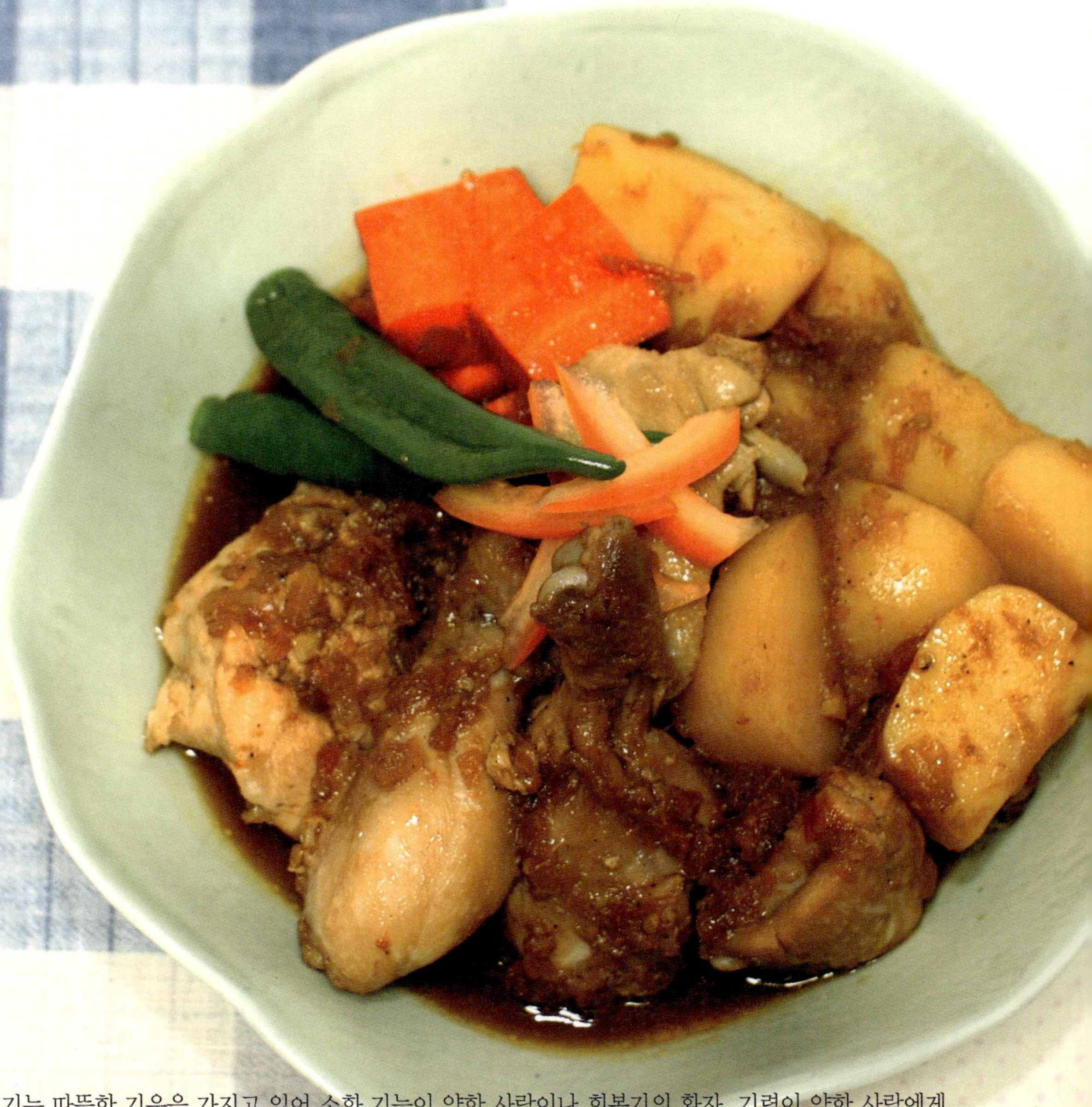

닭고기는 따뜻한 기운을 가지고 있어 소화 기능이 약한 사람이나 회복기의 환자, 기력이 약한 사람에게 좋은 효과를 내는 보양식품이다. 또한 닭고기에는 각종 영양소와 체내에서 비타민으로 바뀌는 레티놀이 풍부하며, 불포화 지방산이 많아 체력 회복 및 성인병 예방에도 좋다.

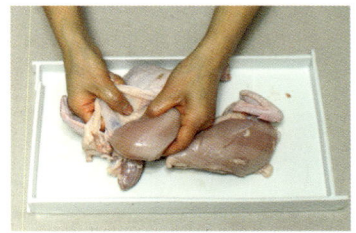

재료 닭(중간 크기) 700g, 토마토(중간 크기) 2개, 감자 2개(200g), 청양고추 1~2개, 당근 1/2개, 우유 적당량

양념 맛간장 3C, 양파 1/2개, 생강(간 것) 10g, 조청 2T, 매실청 1T

● 요리하기 ●

❶ 닭은 토막을 내서 껍질을 벗기고 기름기를 손질 해서 우유에 담갔다가 소쿠리에 밭쳐 놓는다.

❷ 감자는 껍질을 벗겨 4등분 하고, 당근도 크게 썰어 놓는다.

❸ 토마토를 씻어서 꼭지를 떼고 큼직하게 썰어 놓는다.

❹ 양파는 곱게 다진다.

❺ 냄비에 양념장을 넣고 ②, ③, ④와 청양고추를 통으로 넣고 끓인다.

❻ 보글보글 끓을 때 닭을 넣고 중불에서 15~20분 정도 조린다.

❼ 위아래 양념을 섞으면서 간이 잘 배이도록 한다.

닭고기는 다른 육류에 비해서 빨리 맛이 떨어지고 쉽게 상하 므로 손질 후 되도록 빠른 시간 내에 사용해야 한다. 때문에 요리 후에 보관하는 것이 좋다.

고기
요리

돼지고기 배추말이 / 270kcal

돼지고기에는 쇠고기보다 비타민 B1이 10배 많이 들어 있다. 따라서 고혈압, 심근경색, 심장병 같은 성인병을 예방하는 효능이 있다. 또한 기운을 보해주고 변비해소에 도움을 주기도 한다. 돼지고기의 안심은 몸통 중앙에 위치한 살로, 돈가스나 산적 등의 요리에 이용된다.

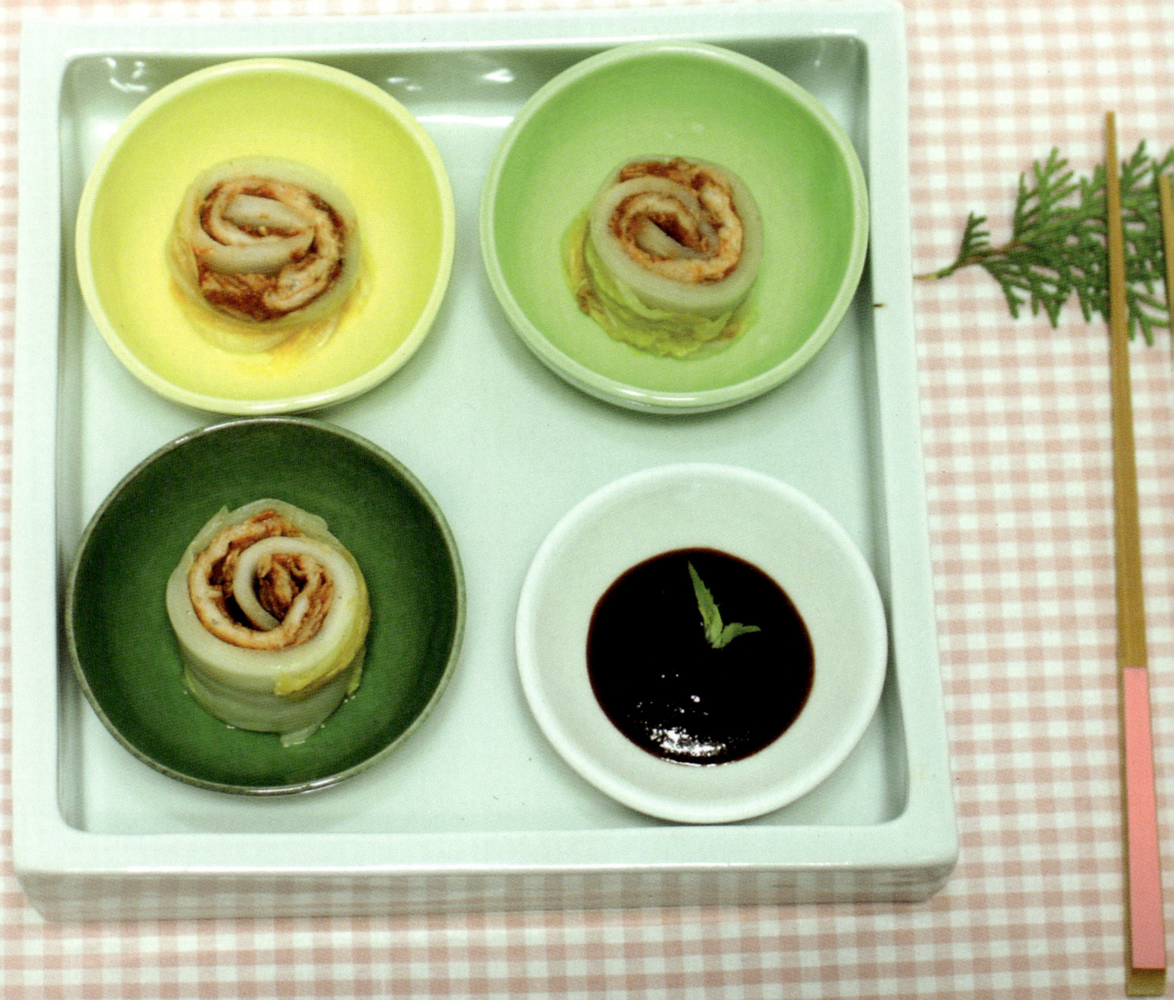

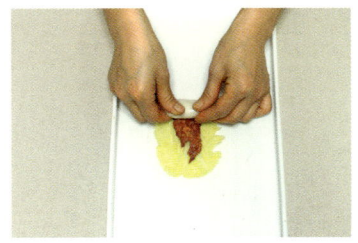

재료 돼지고기(안심) 100g, 배춧잎 8장, 대파(흰 부분) 1개

양념 된장 1/2T, 고추장 1T, 고춧가루 1T, 생강즙 1T, 청주 1T, 조청 1/2T, 유자청 1/2T

● 요리하기 ●

❶ 배춧잎 줄기 쪽으로(두꺼우면 얇게 저미며서) 끓는 물에 소금을 넣고 살짝 데친다.

❷ 물기를 제거하고 식혀 놓는다.

❸ 돼지고기를 배춧잎 길이로 얇게 썰어서 양념을 넣고 잘 섞어 놓는다.

❹ 파 흰대는 길게 채 썰어 매운맛을 빼기 위해 찬물에 담갔다가 물기를 제거한다.

❺ 양념한 돼지고기는 마른 팬에 길게 펴서 잘 구워 놓는다.

❻ 배춧잎에 ⑤의 돼지고기를 놓고 그 안에 물기 뺀 파 채를 놓고 돌돌 말아서 먹기 좋은 크기로 썰어 놓는다.

돼지고기를 그릴에 구우면 훈제 맛이 나서 풍미가 있다.

고기
요리

돼지고기 수육 / 330kcal

재료 돼지고기(목살) 200g, 쌈채소 100g, 새우젓 3T, 고춧가루 1T, 생강즙 1/2t, 조청 1/2T, 통깨 1T

고기를 삶을 때 필요한 재료

된장 2T, 생강 20g, 마늘 10쪽, 양파 1개, 파 1대, 통후추 10알, 소금 약간

● 요리하기 ●

❶ 맑은 물에 생강을 슬라이스해서 넣고 말린 귤 껍질이 있으면 함께 넣는다.

• 귤 껍질이 없으면 생략해도 좋다.

❷ 물을 끓여 고기를 통째로 넣고 5분 정도 삶아서 기름기를 제거하고 고기만 건져 낸다.

❸ 새로운 물에 생강, 통마늘, 통양파, 된장, 소금, 통파, 통후추와 고기를 넣고 15분 정도 삶는다.

❹ 고기가 익으면 꺼내서 조금 식혔다가 먹기 좋은 두께로 썬다.

❺ 쌈채소를 깨끗이 씻어서 물기를 뺀다.

❻ 새우젓에 고춧가루, 생강즙, 조청, 통깨를 넣고 잘 섞어 놓는다.

❼ 썰어 놓은 고기에 쌈채소와 양념 새우젓을 같이 낸다.

돼지고기의 목살은 목뼈 주위에 있는 고기로 주로 구이에 이용된다. 삼겹살 보다 기름이 적고 맛이 진하며, '가장 돼지고기다운 맛' 이라고 평가되기 도 한다. 각종 찌개용으로도 많이 쓰인다.

고기 요리

돼지고기 수육 샐러드 / 250kcal

돼지고기를 먹으면 수은이나 납 등의 공해물질을 체외로 배출시킬 수 있다. 피로회복에도 좋으며 소화장애, 신경염 등의 치료에도 쓰인다. 피부를 윤기 나게 해 여성들에게 좋은 음식이다. 사태는 돼지의 앞 · 뒷다리에 있는 부위로 기름기가 매우 적어 생고기를 손으로 만져도 기름이 별로 묻어나지 않는다.

재료 돼지고기(사태) 150g, 오이 1/2개, 샐러리 1대(100g), 치커리 30g, 홍피망 1/2개

고기를 삶을 때 필요한 재료

된장 1T, 생강 20g, 양파 1/2개, 마늘 5쪽, 청주 3T, 통후추 10알, 소금 1/2t

소스 채수 1/3C, 진간장 1T, 매실청 2T, 식초 1T, 레드와인 1T, 소금 약간

● 요리하기 ●

❶ 돼지고기는 샤브샤브용처럼 얇게 썰어서 핏물을 키친타월로 꼭꼭 눌러 빼준다.

❷ 물 5C, 생강 20g, 된장 1T, 양파 1/2개, 마늘 5쪽, 청주 3T, 통후추 10알을 센불로 끓이다가 끓게 되면 ①의 돼지고기를 넣고 익힌 후에 꺼내 식힌다.

❸ 오이, 샐러리, 치커리, 홍피망을 잘 씻어서 물기를 빼 놓는다.

❹ 오이는 2등분해서 길고 얇게 썰고, 샐러리도 오이 길이만큼 잘라서 얇게 썬다.

❺ 치커리도 먹기 좋은 길이로 썰고, 홍피망은 씨를 빼고 채 썰어 ④와 잘 섞어 놓는다.

❻ 접시에 야채를 깔고 그 위에 고기를 올리고 소스는 먹기 직전에 뿌린다.

TIP

칼칼한 맛을 원하면 청양고추 1/2개의 씨를 빼고 곱게 다져서 소스와 섞는다.

고기 요리

돼지고기 양배추쌈 / 270kcal

앞다리살은 돼지고기의 어깨와 앞다리 부위의 살을 의미한다. 운동을 많이 한 근육이기 때문에 질기지만 오래 삶으면 깊은 맛이 난다. 마치 양지 같은 느낌이다. 일반적으로 돼지고기 장조림이나 수육으로 먹고, 얇게 저며서 돼지고기 불고기나 두루치기 등 양념 요리에 쓰인다.

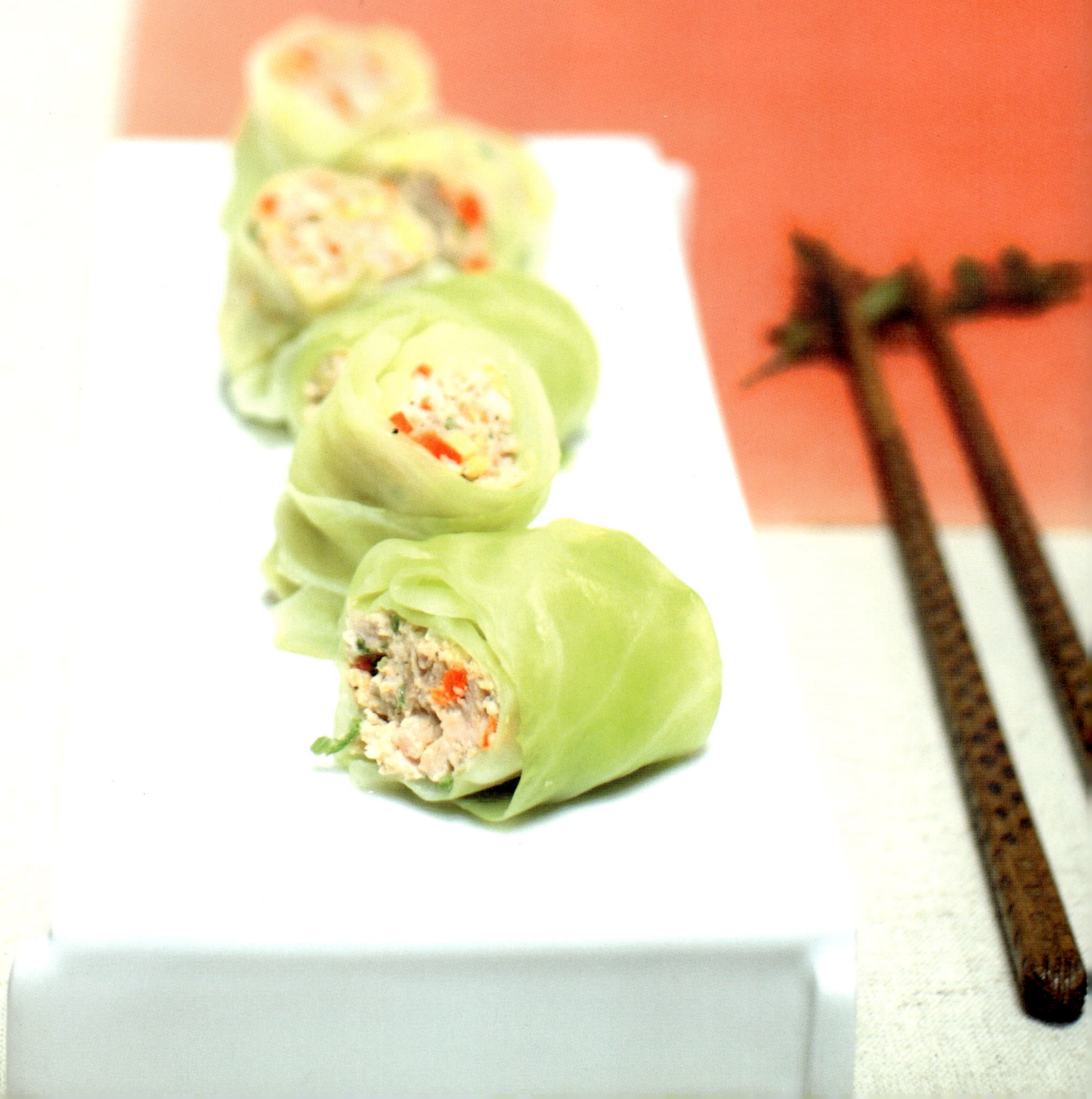

재료 돼지고기(다진 앞다리살) 100g, 양배추 1/2개(200g), 청양고추 1개, 홍고추 1개, 양파 1/2개(50g), 생강 15g, 소금 약간, 후추 약간

양념장 진간장 2T, 채수 1T, 식초 1T, 꿀 1/2T

● 요리하기 ●

❶ 양배추는 잘 씻어서 심이 굵은 것은 저며서 얇게 하고 김이 오른 찜통에 숨이 죽을 정도로 쪄서 식힌다.

❷ 양파, 청양고추, 생강, 홍고추를 각각 곱게 다져 놓는다.

❸ 돼지고기 간 것에 ②를 넣고 소금과 후추를 넣고 많이 치댄다.

❹ 양배추를 넓게 펴서 고기를 한 줌씩 뭉쳐 넣고 쌈밥 싸듯이 싼다.

❺ 김 오른 찜통에 쪄서 한 입 크기로 썬다.

❻ 양념장을 만들어서 곁들인다.

❶ 간장 소스에 레드와인 1T를 넣으면 풍미가 좋다.

❷ 처음 양배추를 찔 때 살짝만 쪄야 한다. 많이 찌면 두 번째 찔 때 너무 무르게 된다.

❸ 양배추에 고기를 넣고 쌀 때는 가늘게 뭉쳐 넣어야 고기가 잘 익는다.

고기
요리

돼지고기 토마토 조림 / 270kcal

고기요리에 토마토를 곁들이면 서로의 육즙이 어우러져 씹을수록 부드러운 맛을 느낄 수 있으며, 소화를 촉진시켜 위의 부담을 가볍게 한다. 토마토에는 ‘펙틴’ 이라는 식물섬유가 함유되어 있는데 이것이 위의 활동을 도우며 입맛을 돋우는 역할을 하기도 한다.

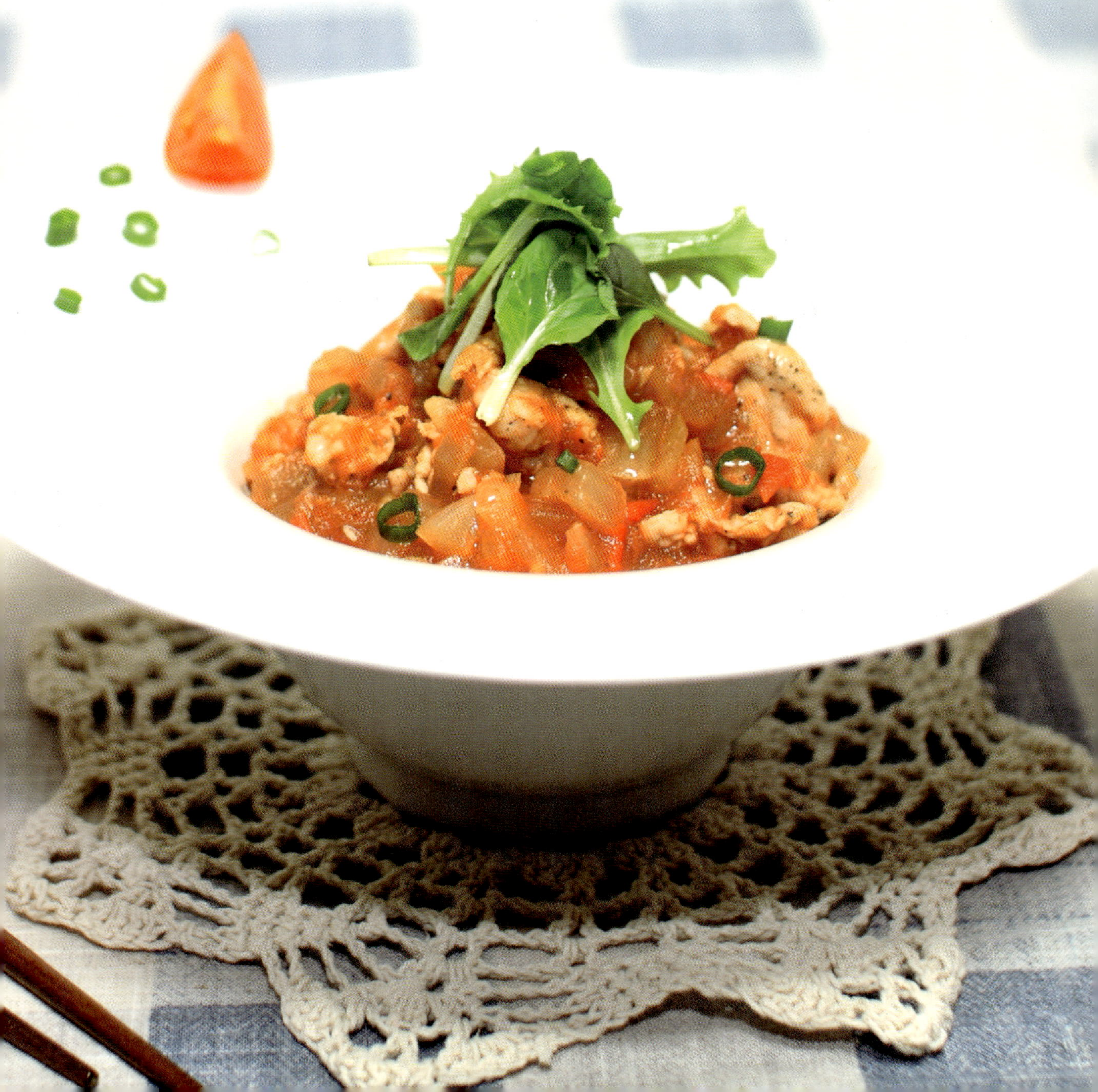

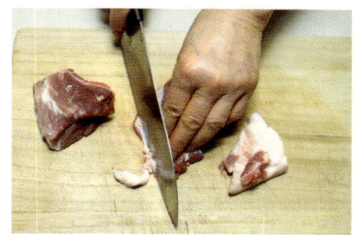

● **준비하기** ● 2-3인 분량 / 30분

재료 돼지고기(앞다리살) 100g, 토마토(중간 크기) 1개(100g), 양파 1/2개(50g), 쪽파 3~5줄

양념 조청 1T, 청주 1T, 채수 1/2C, 생강즙 1t(15g), 베이비채소 1 봉지(100~200g), 진간장 2T, 소금 약간, 후추 약간

● **요리하기** ●

❶ 돼지고기의 기름을 제거하고 0.5cm 정도 두께로 썰어 핏물을 제거한 후, 소금과 후추와 청주로 밑간을 한다.

❷ 토마토와 양파를 잘게 다져서 간장과 조청, 채수 를 넣고 보글보글 끓인다.

❸ ②가 끓으면 고기를 넣고 중불에서 국물이 잘박 할 때까지 조린다.

❹ 쪽파는 푸른 잎만 씻어서 곱게 썰어서 물에 담가 놓는다.

❺ 베이비채소를 잘 씻어서 물기를 빼 놓는다.

❻ 완성된 고기 조림에 베이비채소와 송송 썬 쪽파 를 올린다.

모든 재료는 잘 씻은 후에 물기 제거가 잘 되어야 양념이 더 욱 맛있어지며, 밑간을 할 소금의 양은 1g 정도가 적당하다.

두부 고기 샌드위치 / 480kcal

소고기 채끝살은 위장 기능을 보하고 근력이 생기게 한다. 또 부추와 함께 먹으면 고기에는 없는 비타민, 칼슘을 보충할 수 있다. 채끝살은 근섬유다발이 굵지 않아 고기의 결이 부드럽다. 따라서 적당히 조리하면 풍부한 육즙과 향미를 느낄 수 있다. 그러나 너무 조리하면 퍽퍽해지거나 질겨지므로 주의해야 한다.

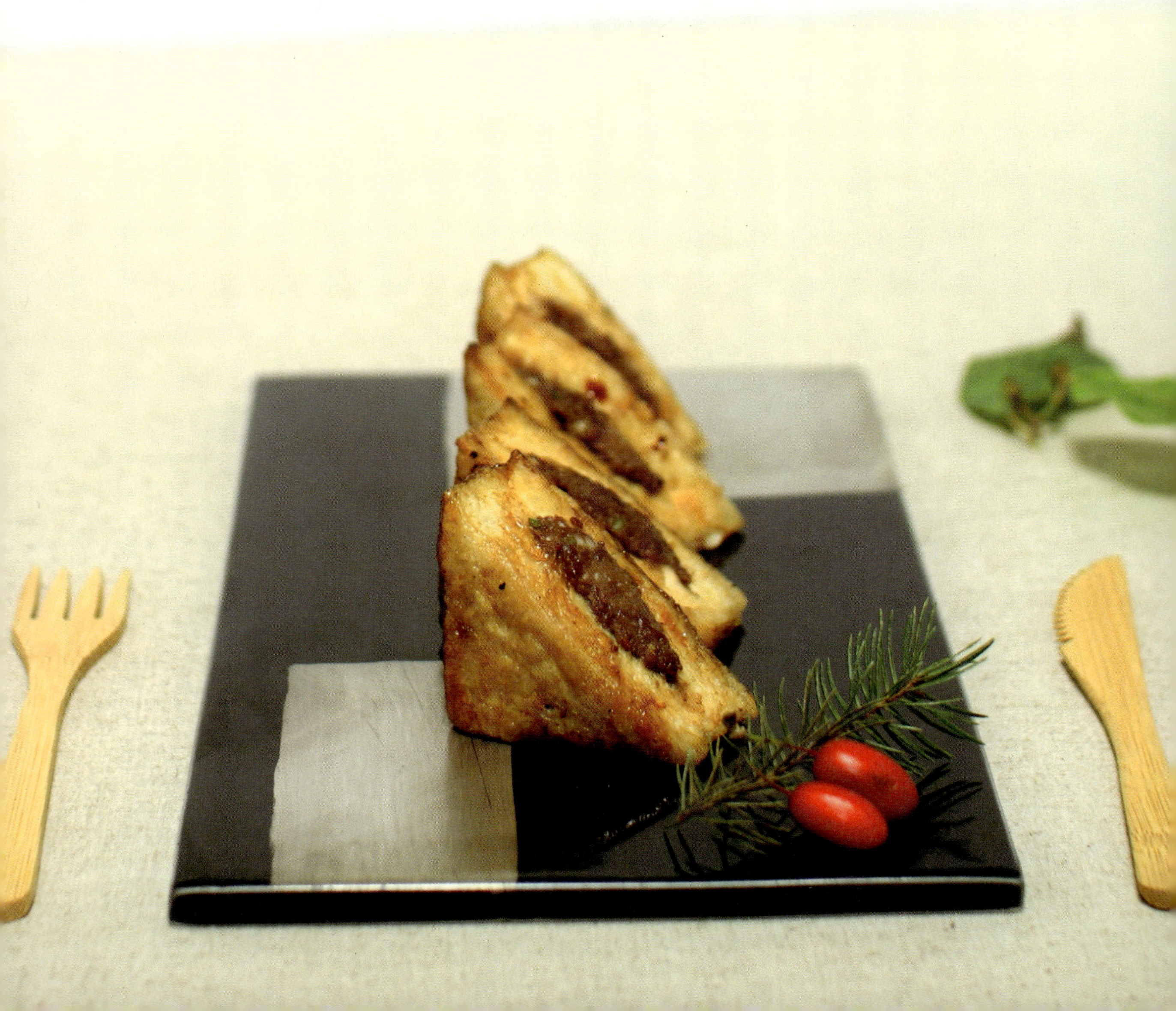

● 준비하기 ● 2-3인 분량 / 50분

재료 두부 1모(300g), 소고기(다진 채끝살) 100g, 녹말가루 약간, 식용유 약간, 소금 약간

고기 양념

진간장 1T, 다진 마늘 1/2T, 다진 생강 1/2T(10g), 조청 1/2T, 다진 파 1/2T, 참기름 약간

양념 맛간장 1C, 진간장 1/2T, 유자청 1T, 조청 1/2T

● 요리하기 ●

❶ 두부를 도톰하게 샌드위치(삼각형) 형태로 잘라서 소금으로 밑간을 한 후 물기를 빼 놓는다.

❷ 다진 고기에 파, 마늘, 생강, 간장, 조청, 참기름 으로 잘 버무려 놓는다.

❸ 물기를 뺀 두부에 녹말가루를 얇게 입혀서 불을 올린 팬에 식용유를 넣고 노릇하게 지져낸다.

❹ 지져 낸 두부가 식으면 길게 칼집을 넣는다.

❺ 고기는 국물이 없게 잘 조려서 식혀 놓는다.

❻ 칼집 낸 두부 속에 고기를 넣는다.

❼ 맛간장, 조청, 유자청, 진간장을 넣고 보글보글 끓으면 고기 넣은 두부를 앞뒤로 조려서 놓는다.

견과류 대신 파슬리나 향채소를 올려도 좋다.

고기
요리

두부 불고기 샐러드 / 480kcal

소고기는 당뇨와 부종에 치료효과가 있으며 허리와 다리가 튼튼하도록 돕는다고 한다. 소고기에는 면역
글로블린의 원료가 되는 양질의 단백질이 함유되어 있어 면역력 증강에도 큰 효과가 있다. 설도는 '설깃
살' 이라고도 하는데, 가장 운동량이 많은 부위로 산적이나 편육, 불고기로 요리된다.

● 준비하기 ● 2-3인 분량 / 30분

재료 두부 1모(300g), 소고기(설도) 150g, 베이비채소 100g

양념 진간장 1/2T, 조청 1T, 참기름 약간, 통깨 약간, 녹말가루 약간, 식용유 약간, 소금 약간, 후추 약간, 생강즙 약간

● 요리하기 ●

❶ 소고기는 핏물과 기름기를 제거하고 간장, 후추, 생강즙, 조청으로 잘 버무려 놓는다.

❷ 두부는 4등분하고 소금으로 간을 해서 물기를 빼 놓는다.

❸ 베이비 채소는 잘 씻어 물기를 완전히 제거한다.

❹ ①의 고기는 팬에 잘 익혀 참기름과 통깨를 넣고 식힌다.

❺ 물기를 뺀 두부를 녹말가루에 골고루 묻혀서 예열된 프라이팬에 식용유를 조금 넣고 육면이 모두 노릇하게 구워낸다.

❻ 접시에 물기를 제거한 채소를 놓고 구워낸 두부를 올리고 그 위에 고기를 올린다.

TIP

식초·간장소스와 야채를 곁들여 먹으면 상큼한 식감이 살아난다.

메추리알 곤약 조림 / 270kcal

메추리알에는 단백질과 아미노산 등의 영양소가 풍부해 원기회복이나 시력향상을 도우며 성인병 예방
등에도 효능이 있다. 기운이 없고 몸이 약한 사람의 기력을 보강하는 보양식품이기도 하다. 곤약은 약
95% 이상의 수분으로 이루어져 있어 칼로리가 매우 낮아 다이어트 식품으로 많이 이용되는데, 식이섬유
가 함유되어 있어 장 운동을 돕고 변비를 해소하는 효과가 있다.

● 준비하기 ● 2-3인 분량 / 30분

재료 메추리알 15개, 곤약 1모

양념 맛간장 1/2C, 물(또는 채수) 1/2C, 조청 1T, 청양고추 1개,
진간장 1T

● 요리하기 ●

❶ 메추리알은 찬물에 소금을 넣고 삶아서 껍질을
벗겨 놓는다.

❷ 곤약은 두께 1cm, 길이 3cm 정도로 썰어 가운데
칼집을 낸 후 꼰다.

❸ ②를 끓는 물에 데친 후 찬물에 씻어 곤약 특유의
냄새를 제거한다.

❹ 물에 맛간장, 조청, 청양고추, 진간장을 넣고
끓으면 메추리알과 곤약을 넣는다.

❺ 불을 약하게 하고 국물이 자작할 때까지 조린다.

TIP

❶ 메추리알은 찬물에 소금을 넣고 삶는다.

❷ 단맛을 좋아하면 불을 끄고 추가로 조청을 넣은 후 잘
버무린다.

❸ 메추리알 대신 계란을 사용해도 좋다.

사태찜 / 400kcal

소고기의 사태는 다른 부위에 비해 지방이 적어 국물요리나 장조림에 많이 이용되며 다이어트 식단에 어
울리는 부위이다. 여러 가지 채소와 함께 찜을 하면, 영양의 균형을 맞출 수 있고 양념이 배어들어 채소
를 골고루 섭취하기에 좋다.

재료 소고기(사태) 200g, 당근 1/2개(50g), 밤 3알(25g), 은행 한 줌(20g), 대추 5~6알(20g)

양념 키위 1/2개, 맛간장 1과 1/2C, 채수 1C, 진간장 2T, 조청 2T, 후추 약간, 양파 1/2개, 마늘 2쪽, 생강 10g

● 요리하기 ●

❶ 사태는 핏물을 제거하고 4×4cm 정도의 크기로 썰어 놓는다.

❷ 끓는 물에 ①을 넣고 한소끔 끓여 씻어 놓는다.

❸ 당근은 밤 크기로 썰어서 모서리를 깎아 둥글게 만든다.

❹ 은행은 마른 팬에 볶아서 파랗게 만들어 속껍질을 까 놓는다.

❺ 밤은 껍질을 까서 씻고, 대추도 씻어서 체에 밭쳐 놓는다.

❻ 양파, 마늘, 생강, 키위에 채수를 넣어가며 건더기 없이 믹서로 간다.

❼ ⑥에 맛간장, 진간장, 조청, 후추를 넣어서 섞은 후, 준비한 사태를 넣고 센불 → 중불 → 약불로 간이 잘 배도록 굴려가면서 뭉글하게 익힌다.

❽ ⑦을 익히다가 대추와 당근을 넣고 같이 익힌다.

❾ 고기와 당근이 익으면 밤을 넣고 익힌다.

❿ 완성되면 은행을 넣고 잘 섞어서 접시에 담는다.

TIP

사태를 데칠 때 귤 껍질 말린 것을 같이 넣고 익히면 잡냄새를 제거할 수 있다.

고기
요리

새송이 떡갈비 구이 / 250kcal

소고기를 새송이버섯과 함께 이용하면 소고기의 콜레스테롤을 흡수하고, 항산화작용을 하여 피부건강에 도움을 준다. 또한 새송이버섯은 칼로리가 낮으면서도 섬유질과 수분이 다량 함유되어 있어 포만감을 주기 때문에 다이어트 식품으로도 좋다.

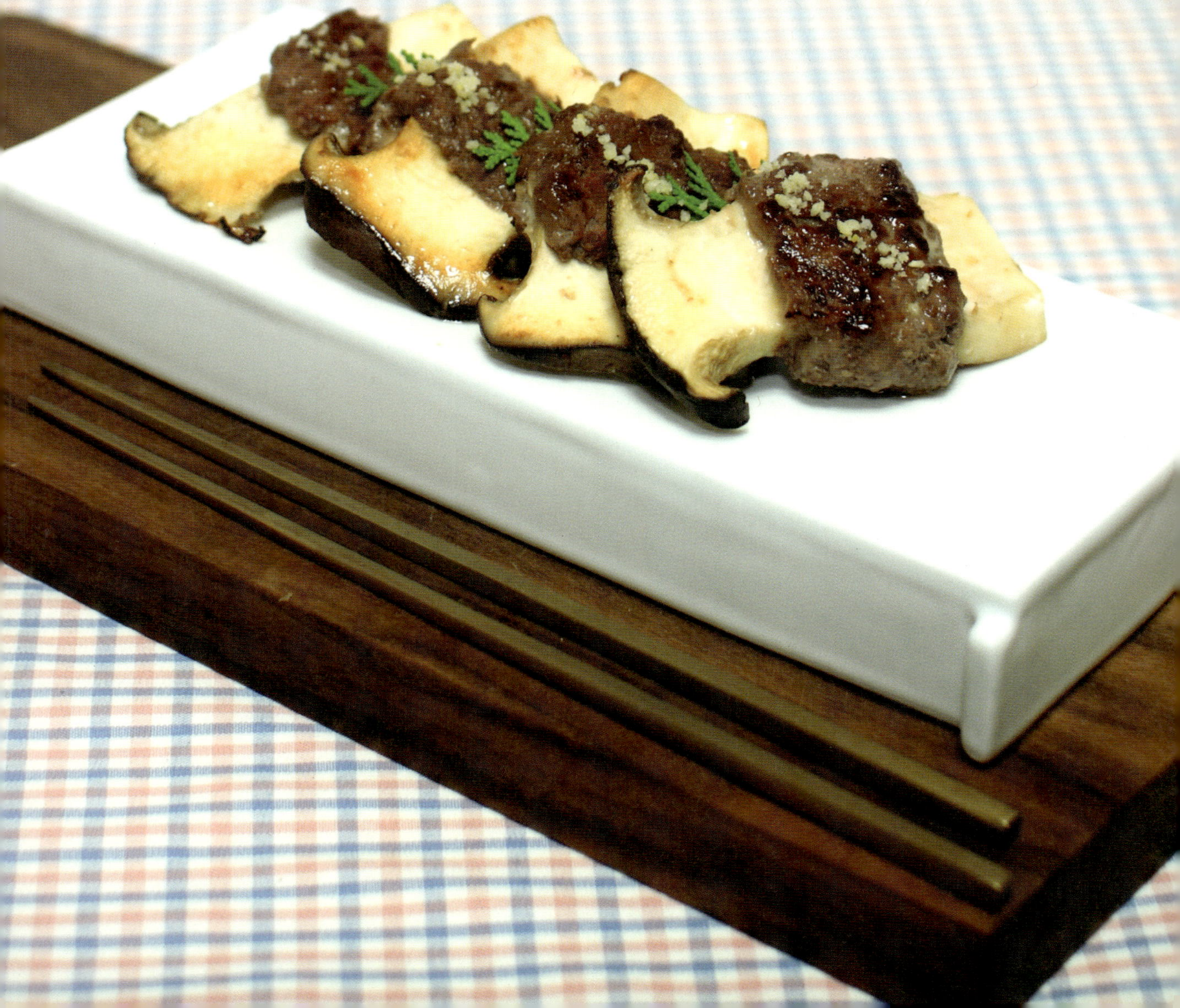

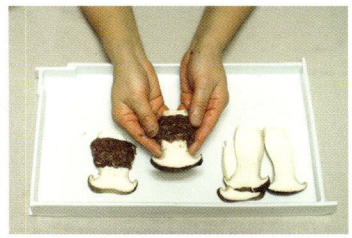

재료   다진 소고기 150g, 새송이버섯 2개, 찹쌀가루 1T

양념   다진 양파 3T, 다진 생강 1/2t, 진간장 1T, 조청 1T, 청주 1T, 참기름 1t

● 요리하기 ●

❶ 새송이버섯은 길이대로 4등분을 해 놓는다.

❷ 다진 소고기에 양념을 섞어서 잘 치대어 놓는다.

❸ 소고기를 얇게 펴서 새송이버섯 가운데 부분에 잘 말아 준다.

❹ 예열된 팬에 노릇하게 익혀서 기름을 뺀 후 접시에 담는다.

TIP

새송이버섯 대신 브로콜리를 사용해도 좋으며, 브로콜리를 사용할 때는 굽지 않고 찌도록 한다.

Part 2
생선요리

생선
요리

가자미 우엉 조림 / 270kcal

가자미에는 글리신, 알라닌, 글루탐산 등의 아미노산이 함유되어 있어 감칠맛을 내며, 껍질에는 콜라겐을 많이 함유하고 있어 주름 및 주근깨, 기미를 개선해 피부미용에 좋다. 이외에도 시력을 강화하고 노화를 막는 비타민 B1이 들어 있다.

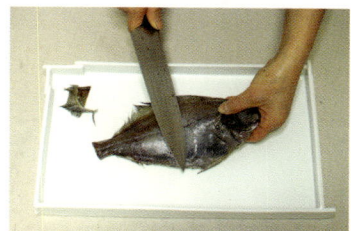

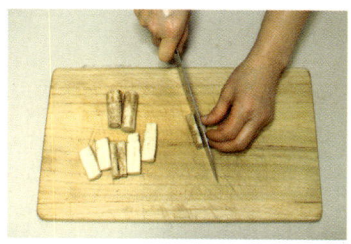

재료 가자미(중간 크기) 1마리(160g), 우엉(중간 굵기) 1대(100g), 생강 10g, 소금 1t, 깻잎 10장, 대추 2알

양념 채수 1과 1/2C, 진간장 2T, 청주 2T, 생강즙 1t, 조청 1과 1/2T, 참기름 약간

● 요리하기 ●

❶ 가자미는 비늘을 긁고, 내장과 꼬리, 지느러미를 제거한다.

❷ 손질한 가자미에 칼집을 넣어 소금에 절인다.

❸ 우엉은 칼등으로 껍질을 벗겨서 4~5cm 길이로 썰고 반을 자른다.

❹ 양념장을 만든다.

❺ 생강, 깻잎, 대추를 채로 썰어 준다.

❻ 냄비에 가자미, 우엉을 넣고 양념장을 끼얹는다.

❼ 센불 → 중불 → 약불로 조절하여 약 20분 정도 조린다.

❽ 접시에 가자미와 우엉을 담고 깻잎, 생강, 대추채를 곁들인다.

TIP

칼칼한 맛을 원하면 조릴 때 청양고추를 넣는다.

고사리 조기 찌개 / 300kcal

조기에는 단백질과 비타민 A와 D가 풍부하여 야맹증 예방과 피로회복에 좋으며, 고사리에는 단백질, 칼슘, 철분 등이 함유되어 있어 머리와 피를 맑게 해준다. 햇고사리는 나물로 이용하면 약간의 미끈대는 맛이 있으므로 생선과 함께 찌개로 이용하는 것이 좋다. 고사리와 조기로 찌개를 끓이면 특유의 감칠맛이 있어 잃어버렸던 식욕이 돌아온다고 한다.

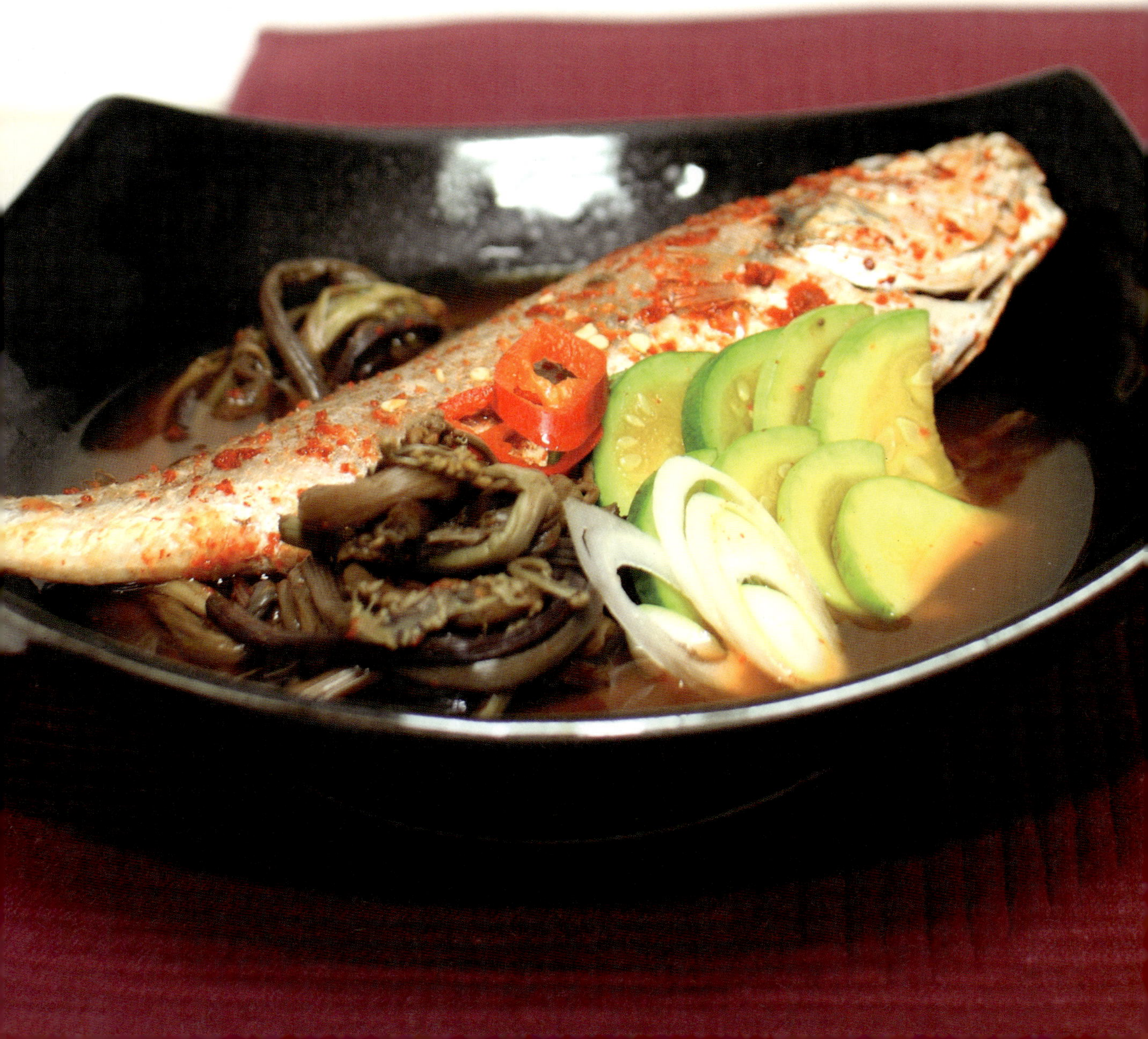

재료 고사리 200g, 조기(중간 크기) 1마리(150g), 애호박 1/3개
(50g), 홍고추 1/2개, 파 1/2개

양념 채수 2C, 고춧가루 2T, 집간장 1T, 소금 약간, 생강즙 1t,
조청 1/2T

● 요리하기 ●

❶ 고사리를 물에 불려서 삶아 찬물에 우린다.
  • 고사리를 만져봐서 부드러울 때까지 삶는다.

❷ ①을 채반에 받쳐서 물기를 뺀다.

❸ 파와 홍고추는 어슷하게 썰고 호박은 반달모양
  으로 썰어 놓는다.

❹ 조기는 비늘을 긁어낸 후 지느러미를 잘라내고
  물로 아가미를 잘 닦는다.

❺ 냄비에 고사리를 깔고 양념장의 1/2를 넣어 한 번
  끓인다.

❻ ⑤에 조기를 넣은 뒤 그 위에 호박과 파, 나머지
  양념을 넣는다.

❼ 중불에서 자박자박하게 끓인다.

❽ ⑦이 끓으면 홍고추를 올려서 소금으로 간을
  맞춘다.

TIP

햇고사리는 부드럽지만 묵은 고사리는 씁쓸하므로 삶아서
찬물에 담근 후 이용한다.

생선 요리

꽃게 찌개 / 270kcal

꽃게는 단백질, 칼슘, 인, 비타민, 미네랄 등을 많이 함유한 식품으로 뼈를 튼튼하게 하고, 살이 부드럽고 연해 소화가 잘된다. 다량의 타우린이 함유되어 있어 혈압을 효과적으로 낮춰 주며 혈당의 상승을 막아 당뇨병 예방에도 좋은 식품이다.

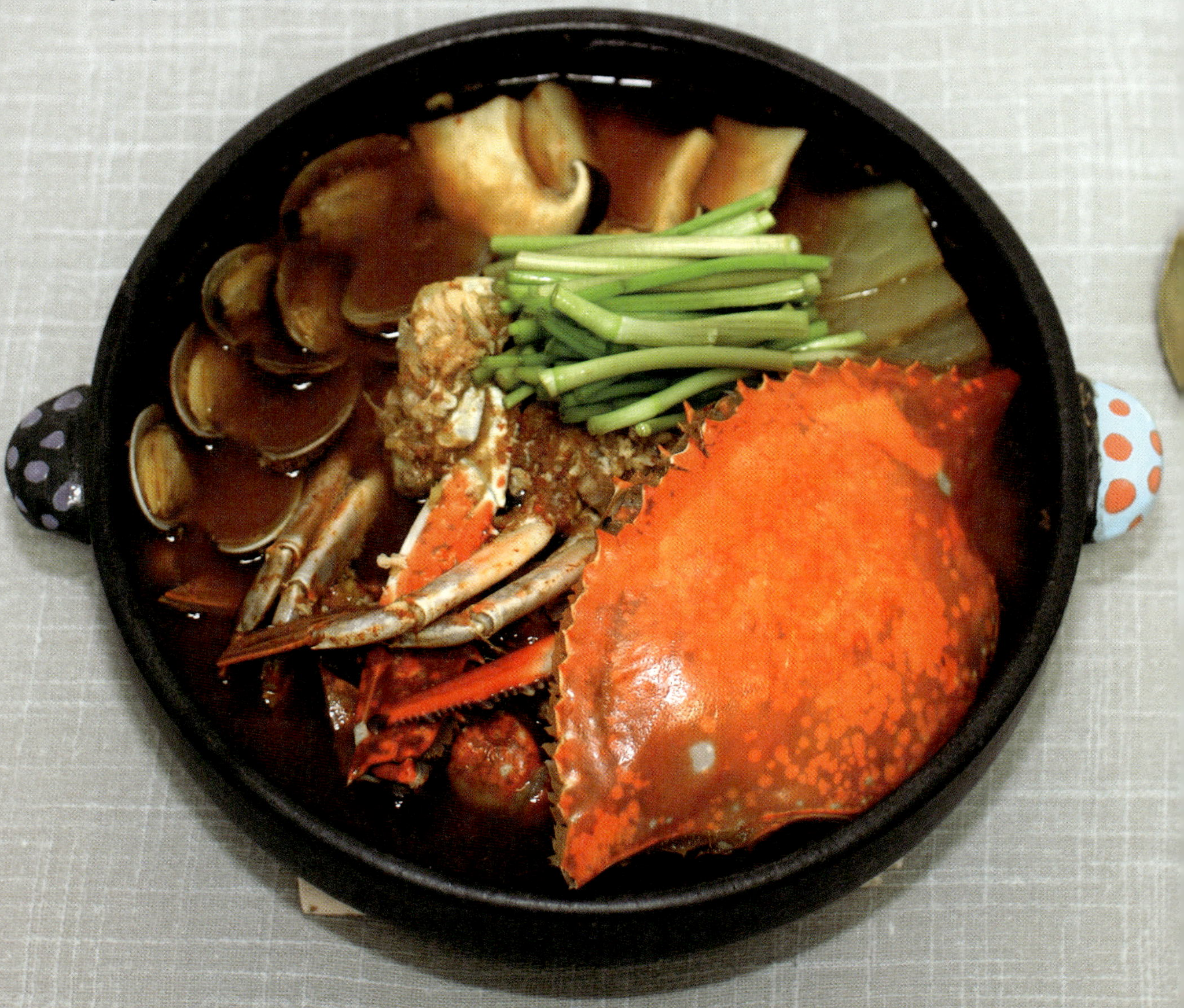

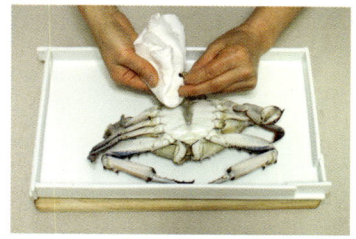

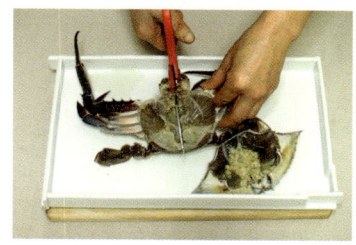

재료 꽃게 1마리(200g), 미나리 50g, 바지락 100g, 새송이버섯 1개, 멸치 한 줌, 무 50g, 대파(흰 부분) 1대, 통마늘 2쪽

양념 된장 1T, 고추장 1/2T, 고춧가루 1T, 소금 약간, 생강즙 1t, 채수 5C

● 요리하기 ●

① 무는 0.5cm 두께로 납작납작하게 썰어 놓는다.

② 바지락을 해감하고 잘 씻어 놓는다.

③ 통마늘은 편썰고, 대파는 어슷하게 썬다.

④ 미나리는 잎을 따고 줄기만 4cm 길이로 썬다.

⑤ 새송이버섯은 씻어서 먹기 좋게 얇게 썬다.

⑥ 채수에 멸치 한 줌을 넣고 끓여 멸치는 건져 낸다.

⑦ 꽃게는 배와 등을 요리용 솔로 문질러서 씻어 주고, 등딱지와 몸통을 분리한 후 몸통의 아가미를 가위로 잘라낸다. 그 밑의 이물질은 깨끗한 면보로 닦아낸다.

⑧ 손질한 꽃게 몸통을 먹기 좋게 가위로 1/2이나 1/4로 잘라 놓는다.

⑨ ⑥에 양념과 바지락, 무, 마늘을 넣고 무가 푹 익을 때까지 끓인다.

⑩ ⑨에 손질한 꽃게를 넣고 다시 끓인다.
 • 이때 몸통은 되도록 위를 향하도록 넣는다.

⑪ 꽃게가 익으면 대파, 미나리, 버섯을 넣고 한소끔 끓인다.

TIP

봄에는 암게, 가을에는 수게를 이용한다. 배 부분의 딱지가 동그라면 암게, 뾰족하면 수게이다. 미더덕을 넣으면 국물이 시원해지며, 찌개가 완성된 후에 소금으로 간을 한다.

생선
요리

두부 미나리 조개탕 / 250kcal

모시조개에는 타우린과 호박산이 함유되어 있어 숙취해소와 간 기능 회복에 좋으며, 콜레스테롤 수치를 낮추어 주는 저칼로리 식품이기 때문에 다이어트에도 도움이 된다. 또한 칼슘이 다량 함유되어 있어 뼈 건강에도 도움을 준다.

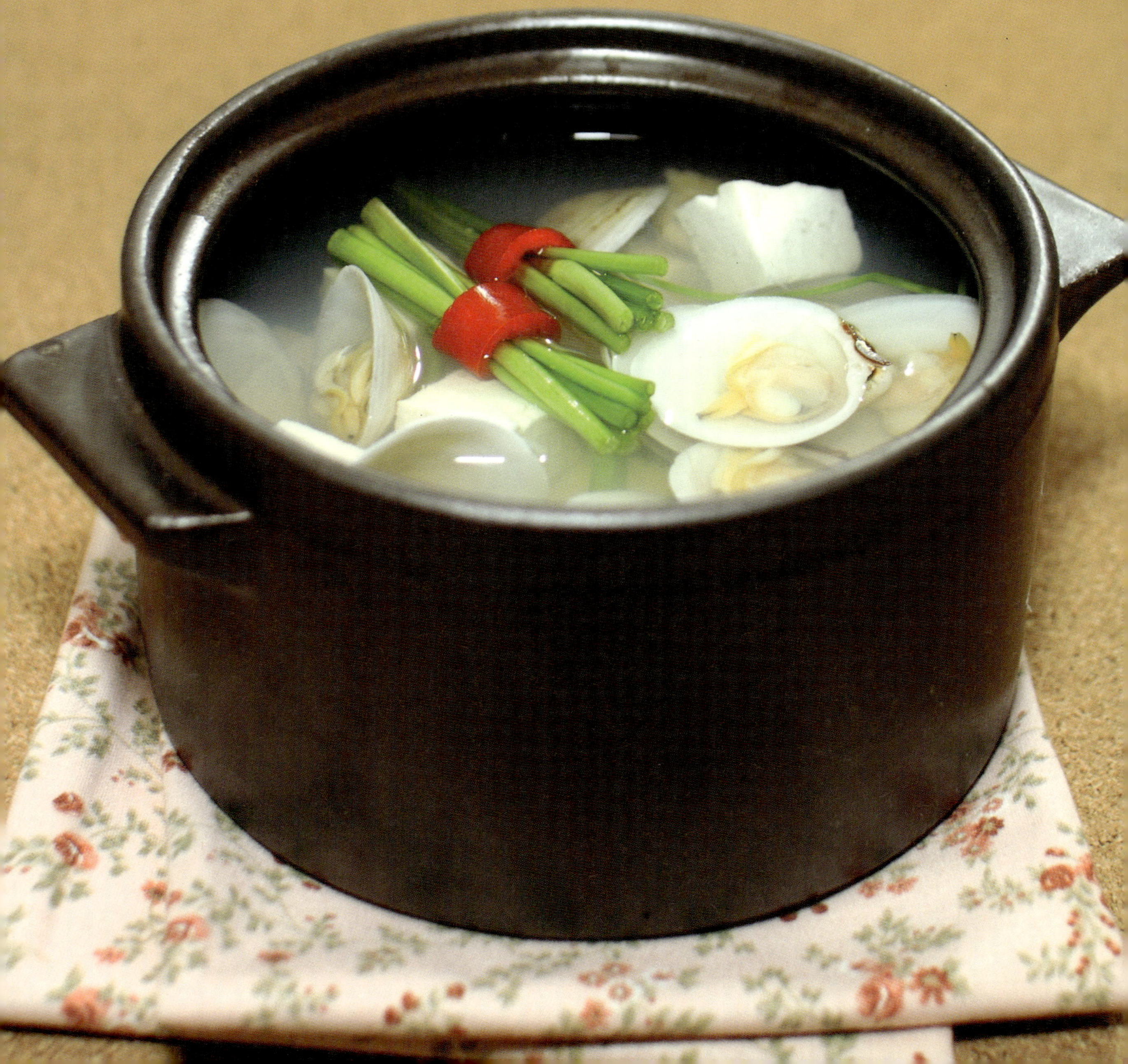

재료 모시조개 200g, 두부 1/2모(150g), 미나리 10줄

양념 통마늘 1쪽, 생강즙 1/2t, 채수 3C, 소금 약간

요리하기

❶ 두부는 사면을 2cm 정도로 자르고, 통마늘은 얇게 슬라이스한다.

❷ 미나리는 잎을 떼고 줄기를 잘 씻어서 3~4cm 길이로 썰어 놓는다.

❸ 해감한 모시조개는 채수 3C 정도를 넣고 끓인다.

❹ 조개가 입을 벌리면 두부, 마늘, 생강즙을 넣고 소금으로 간을 해서 한소끔 끓여낸다.

❺ 완성된 탕을 그릇에 담고 미나리를 올려 낸다.

 TIP

❶ 모시조개를 끓일 때 나오는 거품은 걷어낸다.

❷ 모시조개를 해감할 때 물을 넉넉하게 붓고 물 양의 10% 정도의 소금을 넣은 후, 3~8시간 정도 담갔다 사용한다. 이때 호일로 뚜껑을 덮어서 어둡게 하면 해감이 잘 된다.

❸ 식초 물에 조개를 담그면 빠른 시간 내에 해감할 수 있다.

생선 요리

매콤한 캠핑 찌개 / 320kcal

마른오징어에는 타우린 성분이 풍부하게 들어 있어 피로회복에 도움을 주고, 당뇨를 예방하는 효과가 있다. 또 DHA와 EPA 성분이 함유되어 기억력 향상에 도움을 주고, 해독작용을 하여 간 기능을 개선시키고 시력을 증진시킨다.

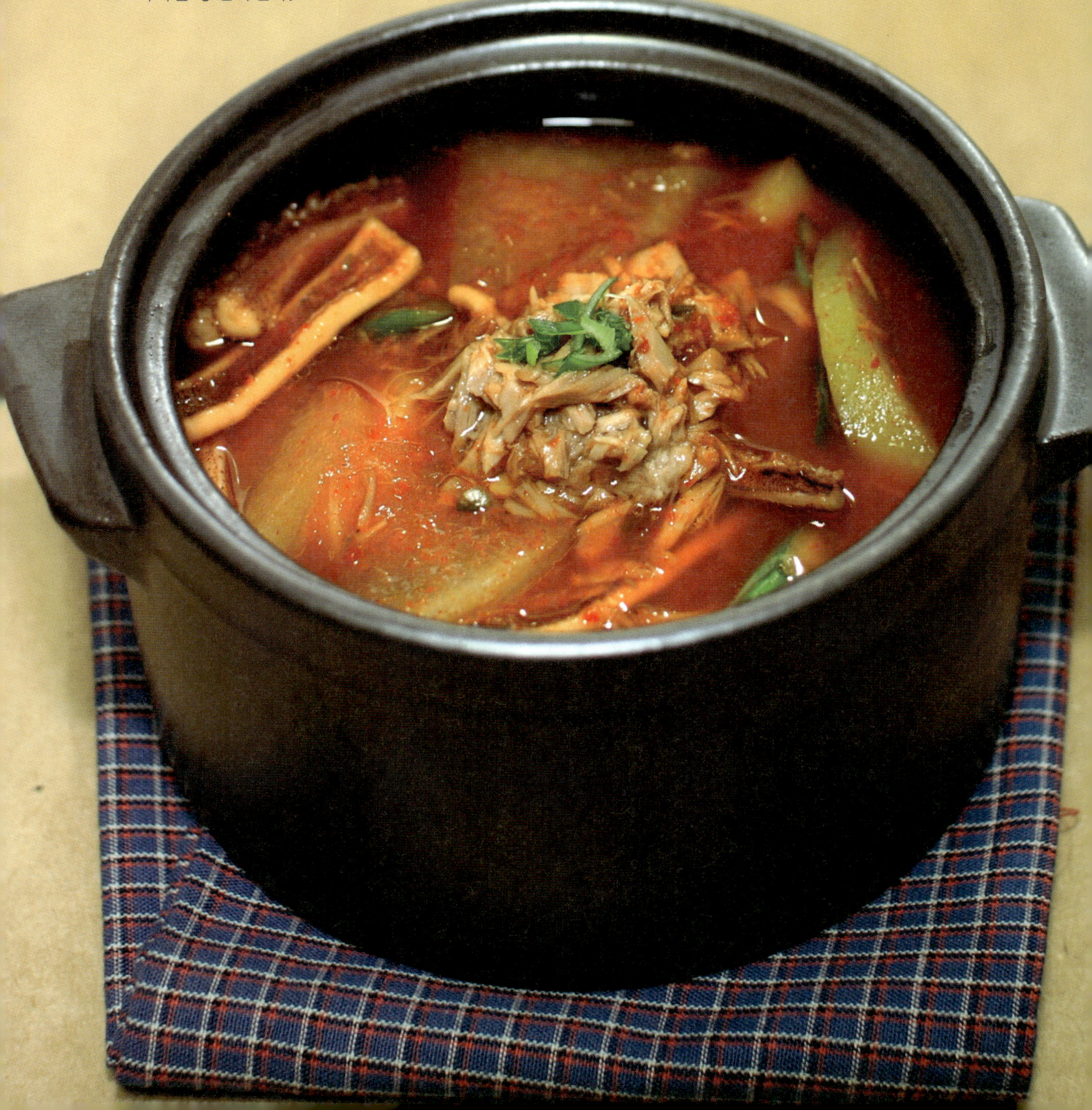

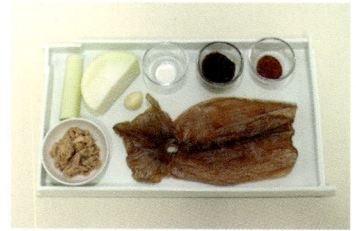

재료 마른오징어 50g, 참치캔 1/2개, 무 150g

양념 고추장 1과 1/2T, 고춧가루 1/2T, 소금 약간, 파 약간, 마늘 약간

● 요리하기 ●

❶ 참치캔의 참치를 꺼내 꼭 짜서 기름을 제거한다.

❷ 마른오징어는 먹기 좋은 크기로 잘라 물에 불려 놓는다.

❸ 무는 납작하게 썰어 둔다.

❹ 마늘은 다져 놓고, 파는 어슷하게 썬다.

❺ 냄비에 물을 2와 1/2C 정도 넣고, 불린 오징어와 무, 마늘, 고추장, 고춧가루를 넣고 끓인다.

❻ ⑤에 기름을 제거한 참치를 넣고 다시 한 번 끓으면 파를 넣고 소금으로 간을 맞춘다.

TIP

❶ 여행지에 맞춰 지역 특유의 채소를 넣거나 수산물을 넣어도 맛있는 찌개가 된다.

❷ 무 대신 감자를 사용하면 고소한 맛이 난다.

생선
요리

멸치 꽈리고추 조림 / 220kcal

멸치는 뼈를 튼튼하게 하는 칼슘 및
인의 함량이 대단히 높으며, 베타카
로틴이 풍부해 피부와 점막을 건강
하게 유지하도록 돕는다. 또한 빛이
약한 곳에서 시력을 유지하도록 하
는 생리작용을 원활하게 하는 효능
이 있다.

재료 볶음용 멸치(중간 크기) 100g, 꽈리고추 100g

양념 맛간장 1/2C, 집간장 1/2T, 조청 1T, 매실청 1T, 통깨 1T, 참기름 1T, 식용유 1T, 생강즙 1/2t

• 요리하기 •

❶ 꽈리고추는 꼭지를 떼고 잘 씻어 끓는 물에 소금을 넣고 살짝 데친다.

❷ ①을 찬물에 헹궈서 물기를 뺀다.

❸ 예열된 마른 프라이팬에 멸치를 볶아 낸다.

❹ 팬에 식용유와 맛간장, 집간장, 매실청을 넣고 끓으면 꽈리고추를 볶아낸다.

❺ 꽈리고추를 볶아 낸 팬에 멸치를 넣고 중불에서 조린다.

  • 꽈리고추에 구멍을 내고 볶으면 간이 잘 밴다.

❻ 마지막에 불을 끄고 꽈리고추와 조청을 넣고 뒤적인다.

❼ 완성된 조림에 통깨와 참기름을 넣고 섞는다.

마른 팬에 멸치를 볶아내면 멸치 특유의 비린내를 줄일 수 있다.

멸치 고추장 볶음 / 300kcal

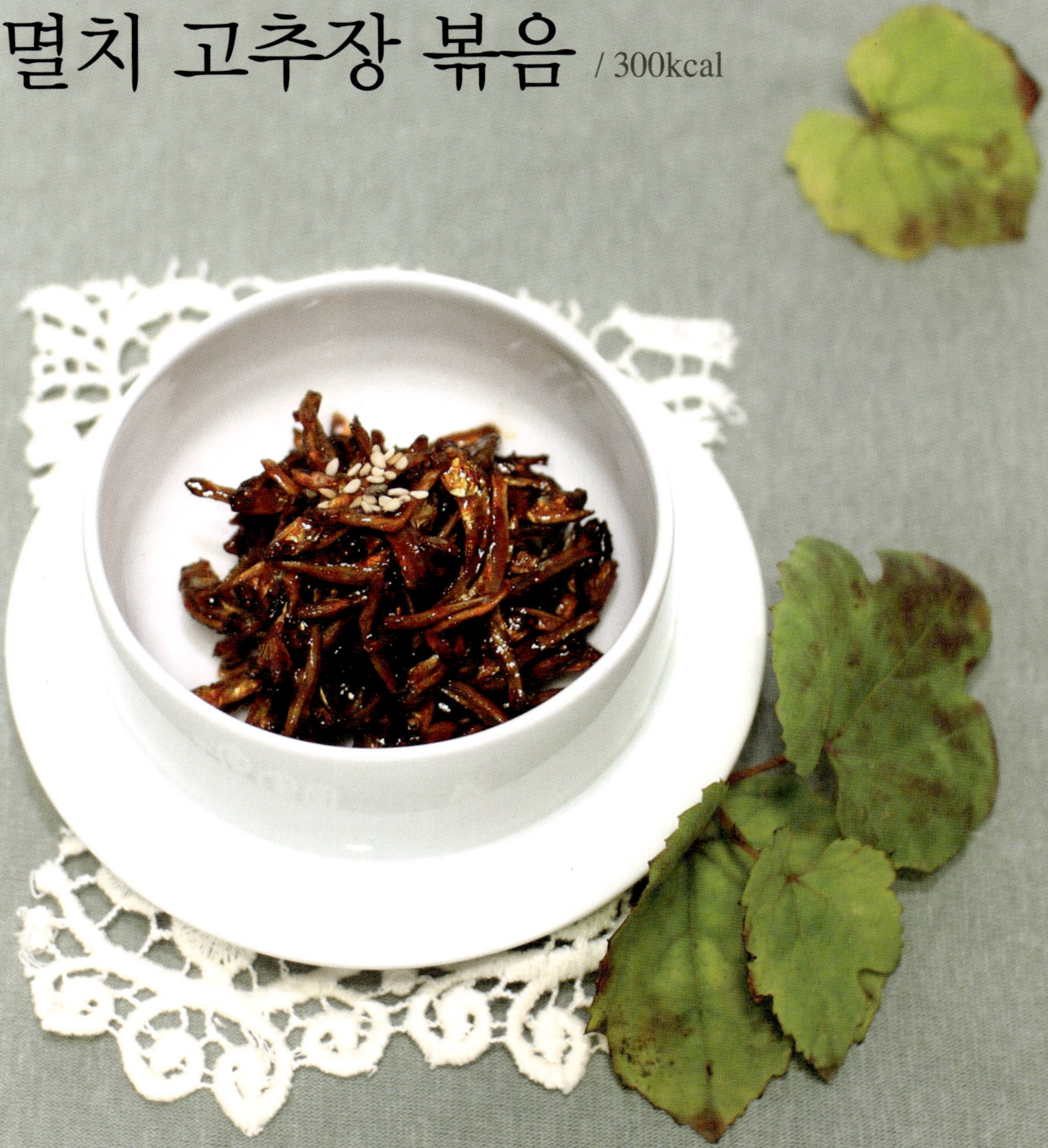

멸치에 든 칼슘은 골격의 성장을 돕고, 건강을 유지시켜 발육에 도움을 준다. 또 칼슘은 마음을 편안하게 하는 역할을 하는데, 칼슘이 풍부한 멸치를 충분히 섭취하면 정서적으로 안정을 찾을 수 있다. 신경이 날카로워진다면 몸속에 칼슘이 부족해서 나타나는 증상일 수도 있으니 칼슘 섭취량을 늘려 본다.

재료 볶음용 멸치(중간 크기) 100g

양념 식용유 2T, 고추장 3T, 고춧가루 1T, 매실청 2T, 조청 1T, 생강즙 1/2t, 통깨 약간

● 요리하기 ●

❶ 머리까지 통째로 먹을 수 있는 멸치를 마른 팬에 살짝 볶아 놓는다.

❷ 팬에 식용유, 고추장, 고춧가루, 매실청, 생강즙을 넣고 잘 섞어서 보글보글 끓인다.

❸ ②에 멸치를 넣고 양념이 잘 배도록 볶다가 불을 끄고 남은 조청을 넣고 잘 섞어 준 후에 통깨를 뿌린다.

멸치 비린내를 제거하기 위해 볶은 후 사용하며, 참기름은 먹을 때 한두 방울 섞는다.

무청 고등어 조림 / 450kcal

고등어에는 단백질, 칼슘, 나트륨, 칼륨, 인, 비타민 A, B, D 등 다양한 영양소가 함유되어 있다. 특히 EPA와 DHA가 풍부하다. 불포화 지방산인 EPA가 함유되어 있어 혈관 안에 침착되어 있는 콜레스테롤을 제거해 주기 때문에 각종 혈관계 질환을 개선하며, DHA 성분이 풍부하게 함유되어 있어 뇌세포를 성장 · 발달시켜 두뇌회전을 원활하게 해준다.

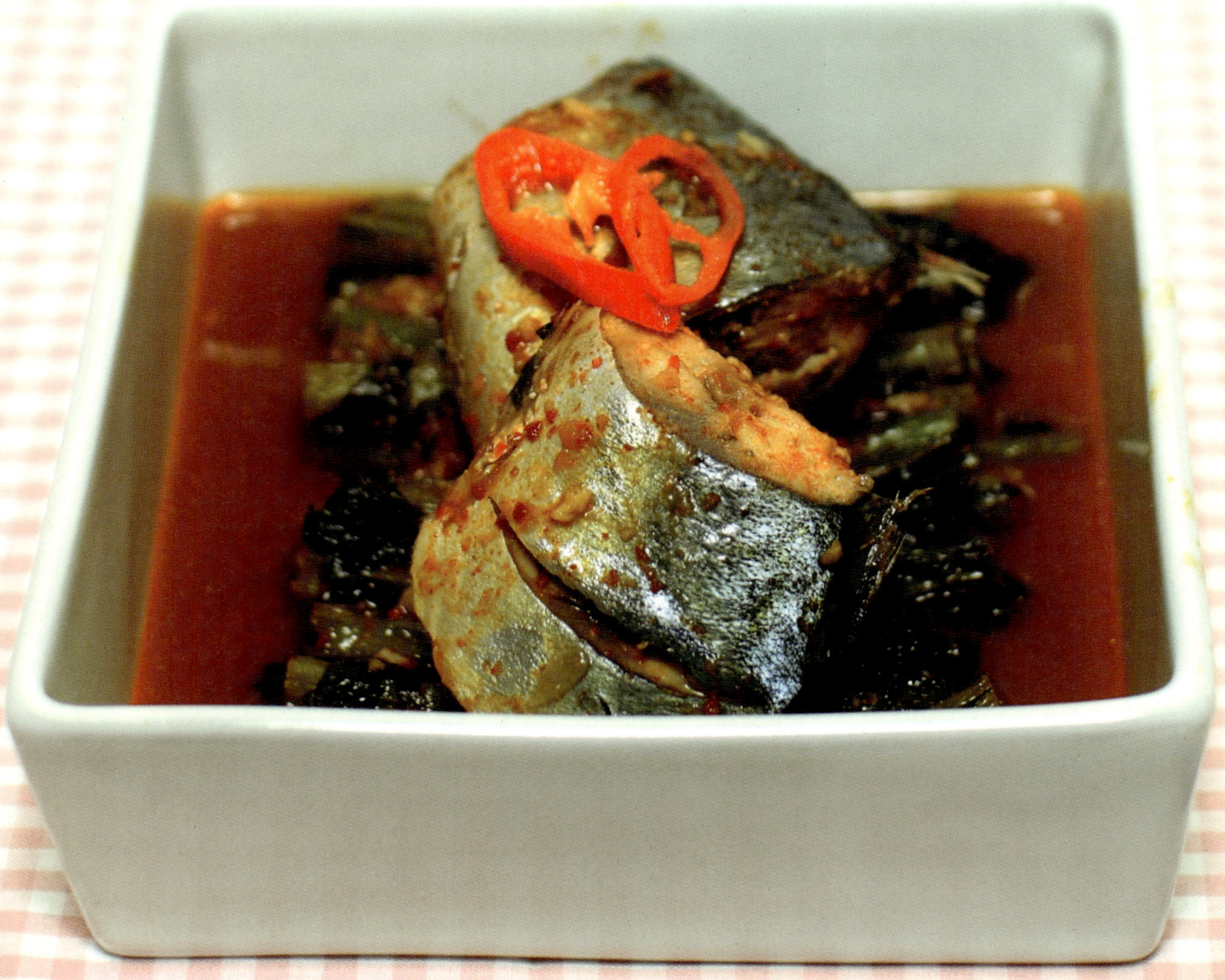

• 준비하기 •   2-3인 분량 / 30분

재료   무청 300g, 고등어(중간 크기) 1마리(200g)

양념   된장 1T, 고춧가루 2T, 다진 마늘 1/2T, 다진 생강 1T,
물엿 2T, 맛간장 1과 1/2C, 진간장 1T, 채수 1C

• 요리하기 •

❶ 무청을 끓는 물에 데쳐 찬물에 씻어 물기를 짠다.
❷ 고등어는 내장과 머리를 제거하고 칼집을 내서
토막을 내고 잘 씻어서 소쿠리에 밭친다.
❸ 양념을 섞어 놓는다.
❹ 냄비에 무청을 깔고 ③을 붓고 끓인다.
❺ ④가 끓으면 고등어를 올려놓고 중불로 은근히
조려서 양념을 끼얹어가며 무청이 푹 무르도록
조린다.

❶ 무청은 겉대의 누런 줄기를 떼어 내고 사용한다.
❷ 무청이 없을 때는 억센 열무를 이용할 수 있다.
❸ 무청은 데친 후에 헹궈서 한 번씩 먹을 양을 봉투에 납작
하게 넣어 냉동 보관한다. 이때 물기가 잘박하게 있어야
해동 후 식감이 질기지 않다.

북어찜 / 350kcal

북어에 함유된 단백질은 우리 몸속에서 면역과 해독작용을 한다. 북어의 단백질에는 특히 알코올을 해독하고 간을 보호하는 알라닌과 아스파르트산, 글리신 등의 아미노산이 다량 함유되어 있어, 혈압을 조절하고 피를 맑게 하며 눈 건강에도 도움을 준다. 뿐만 아니라 설사 증상을 완화시키고 장운동을 억제하는 등 지사제 역할도 한다.

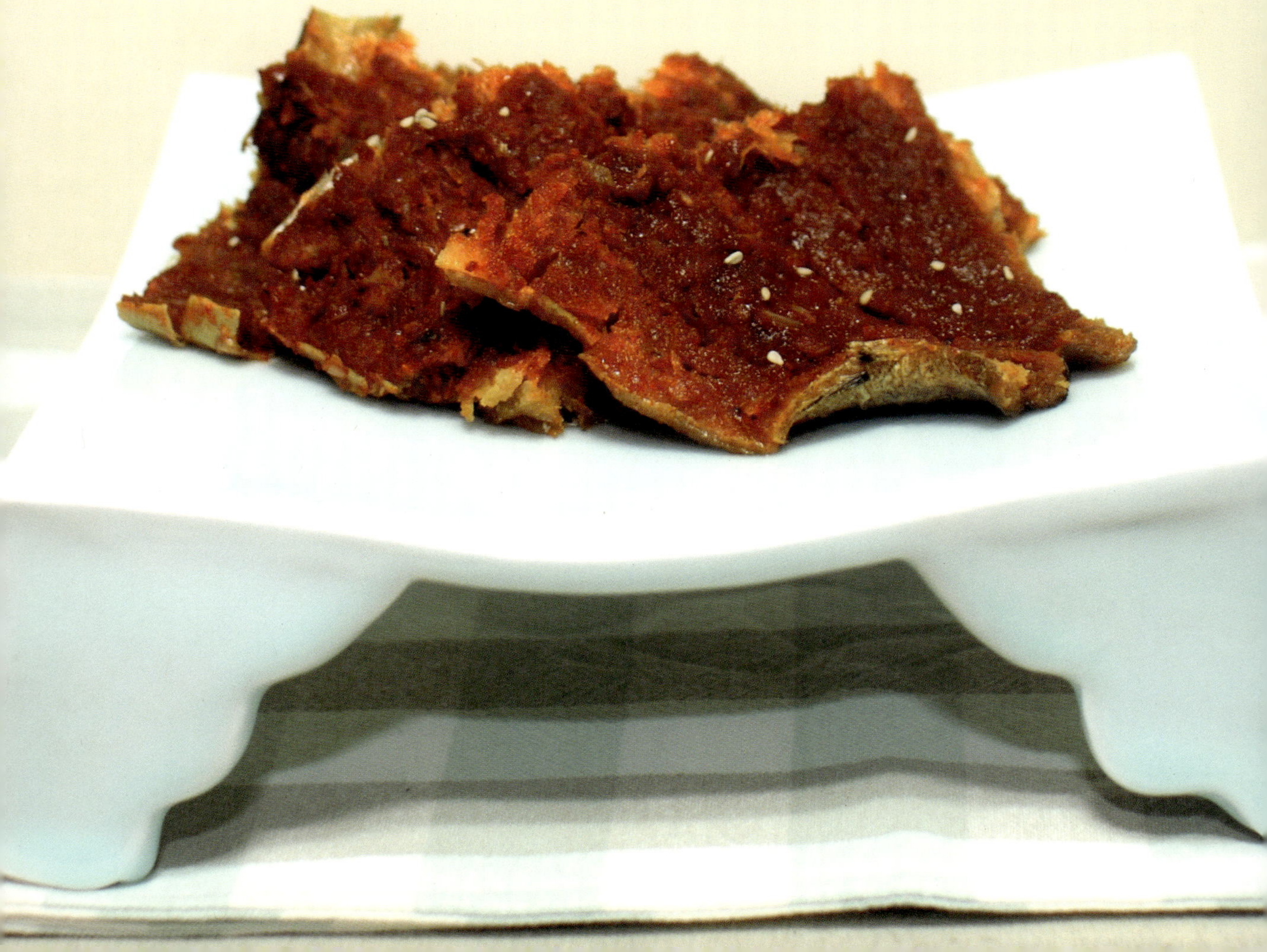

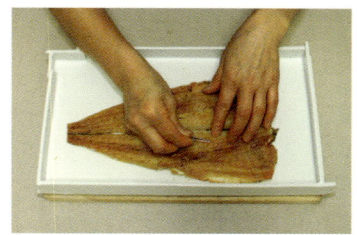

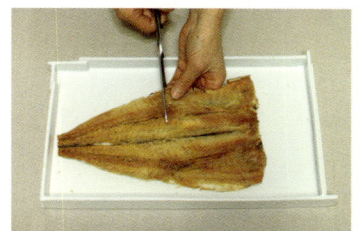

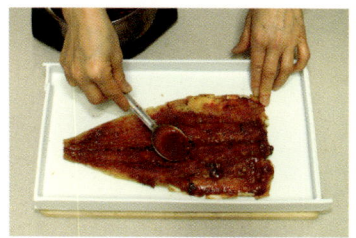

● 준비하기 ● 　2-3인 분량 / 30-40분

재료 　북어 1마리(100g)

양념 　채수 2T, 고추장 2T, 고춧가루 1/2T, 진간장 1/2T, 청주
　　　　2T, 물엿 1T, 다진 파 1T, 생강즙 1t, 참기름 1T, 통깨 약간
　　　　(잣가루를 사용하면 더욱 고급스러운 맛을 낼 수 있다)

● 요리하기 ●

❶ 북어는 찬물에 담가 불린 후 부드러워지면 머리,
　지느러미, 꼬리를 제거하고 물기가 빠지도록 밭쳐
　놓는다.
　• 북어를 불린 후 핀셋으로 뼈와 가시를 발라 준다.

❷ 손질한 북어의 양 옆에 가위집을 넣고 껍질 쪽으
　로 칼집을 넣는다.
　• 이렇게 하면 구웠을 때 오그라드는 것을 방지한다.

❸ 양념을 만들어서 북어의 안쪽에 발라 속까지 양
　념이 배도록 한다.

❹ 김 오른 찜통에 양념된 북어를 올리고 10여 분간
　푹 찐다.

❺ 북어가 익으면 먹기 좋은 크기로 썰고 통깨를 살
　짝 뿌려 준다.

TIP

북어와 같은 건어물은 습기에 매우 약하여 곰팡이가 생기기
쉽다. 때문에 건조시킨 녹차를 함께 보관하는 것이 좋다.

생선
요리

새우 찹쌀 누드볼 / 400kcal

새우는 칼슘과 인 등 뼈에 좋은 필요한 여러 가지 영양소를 많이 함유하고 있다. 특히 키토산은 체내에 들어가면 위와 소장, 대장을 통과하는 과정에서 발암성물질, 지방, 콜레스테롤, 염분을 배설시키며 숙변을 제거하는 효능이 있다.

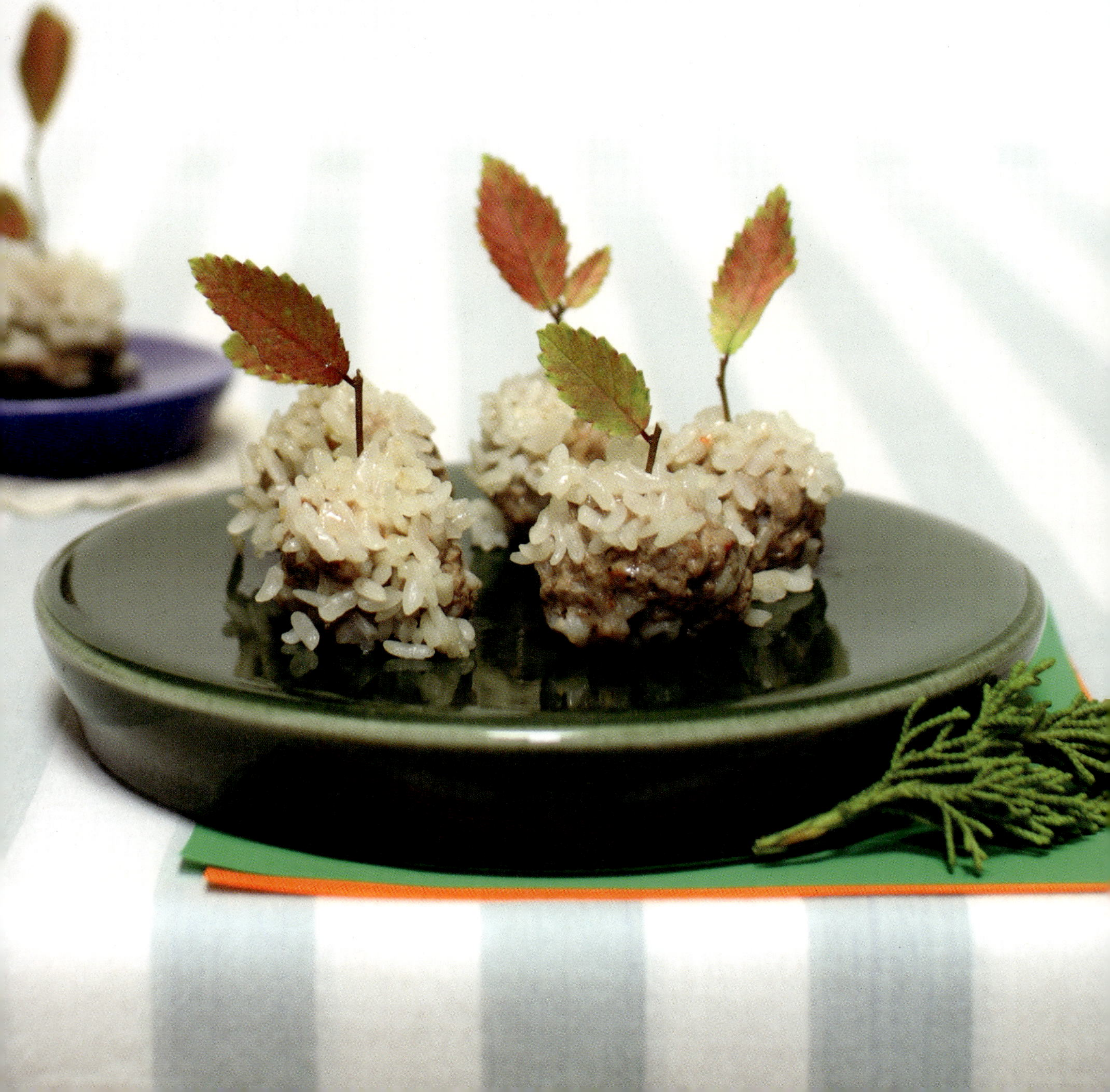

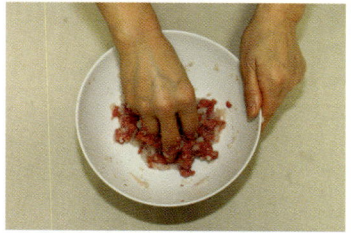

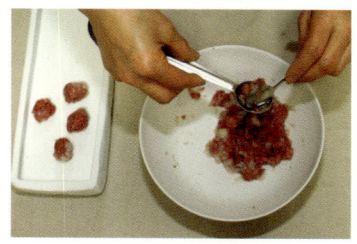

재료 불린 찹쌀 1과 1/2C, 새우 100g, 소고기 100g(기름이 적은 부위), 베이비채소 100g

양념 소금 약간, 후추 약간, 생강즙 1/2T, 청양고추 1개, 스위트 칠리소스 3T

● 요리하기 ●

❶ 찹쌀을 잘 씻어 20분 정도 불려 물을 빼 놓는다.
❷ 새우의 내장을 빼고 껍질을 벗겨 살만 골라 다져 놓는다.
❸ 소고기를 갈아 새우와 섞어 소금 1g, 후추 약간, 생강즙 1/2T를 넣고 잘 치대 작은 완자를 만든다.
❹ ③의 완자를 불린 찹쌀에 굴려서 찹쌀이 붙도록 한다.
❺ 김이 오른 찜통에 ④를 쪄낸다.
❻ 접시에 쪄낸 완자와 씻어 놓은 베이비채소를 곁들여 낸다.
❼ 청양고추의 씨를 빼고 곱게 다져서 스위트 칠리소스와 섞어서 같이 낸다.

흑미를 불려서 같이 찌면 흑·백의 완자가 되어 보기에 더욱 더 먹음직스럽다.

새우 표고버섯 조림 / 230kcal

새우는 면역력을 증강시키는 데 좋은 식품이다. 특히 칼슘과 타우린이 풍부하게 들어 있어 성장과 발육에 좋고 고단백·저지방 식품으로 다이어트에도 좋다. 새우는 찜, 구이, 튀김, 전 등과 젓갈로 이용되며, 새우에 부족한 비타민 A와 C가 풍부한 채소와 함께 요리하면 더욱 건강한 요리를 만들 수 있다. 새우의 머리와 표고버섯에는 퓨린이 많이 함유되어 있으니, 요산 수치가 높은 사람(통풍환자)은 자제한다.

재료 건표고버섯 8개, 새우 200g, 홍·청피망 1/4개씩, 양파 1/4개, 파 1/2개

양념 식용유 약간, 밀가루 1T, 전분 3T, 건고추 2개, 생강즙 1/2t, 맛간장 3/4c, 식초 1T, 설탕 1T

● 요리하기 ●

❶ 건표고버섯은 불려서 물기를 완전히 제거한 후에 소금과 후추로 밑간을 한다.

❷ 양파, 파, 홍·청피망은 곱게 다진다.

❸ 새우는 손질을 하고 물기를 빼서 곱게 다진 후 ②의 1/2과 소금, 후추를 넣고 잘 치대 놓는다.

❹ 표고버섯 안쪽으로 밀가루를 묻힌 후 치대 놓은 새우로 채우고 전분을 묻힌다.

❺ 달궈진 팬에 식용유를 넣고 새우 쪽을 먼저 노릇 하게 익히고, 뒤집어서 표고버섯 쪽을 노릇하게 구워 기름을 뺀다.

❻ 물기를 꼭 짠 행주로 건고추를 닦아서 씨를 빼고 큼직하게 잘라 놓는다.

❼ 팬에 기름을 두르고 건고추를 볶다가 건져내고 다진 양파를 넣고 투명하게 볶는다.

❽ ⑦에 맛간장, 생강즙, 설탕, 식초를 넣고 끓이고, 다진 파와 홍·청피망을 넣고 전분을 풀어 농도 를 맞춘다.

❾ 구운 버섯을 먹기 좋은 크기로 썰어서 ⑧의 소스 를 뿌려 준다.

전분 물은 2 : 2의 비율로 섞어서 전분을 가라앉힌 후, 윗물 은 버리고 가라앉은 녹말만을 사용한다. 모두 넣으면 국물이 걸쭉해진다.

연어 채소 오븐구이 / 300kcal

연어에는 불포화지방산인 EPA와 DHA가 풍부하게 함유되어 있다. 이 성분들은 혈액을 잘 흐르게 해서 동맥경화나 고혈압, 그리고 콜레스테롤 농도를 유지하는 데 도움을 주며, 다이어트와 피부미용에도 효과가 좋다.

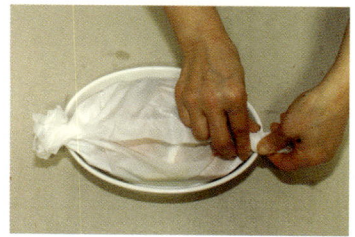

재료 연어 150g, 흰살 생선(동태, 뼈를 고른 것) 50g, 새우 2개, 관자 1개, 물오징어 1/2개, 애호박 1/3개, 브로콜리 100g, 청·홍피망(또는 노란피망) 1/2씩

양념 올리브오일 1T, 소금 약간, 후추 약간, 화이트와인(또는 정종) 1과 1/2T

● 요리하기 ●

❶ 연어와 흰살 생선을 씻어 물기를 빼고 큼직하게 5~6토막을 낸다.

❷ 새우는 내장을 빼고 통째로 씻어서 준비한다.

❸ 관자를 세로로 3등분해서 한 면에 칼집을 낸다.

❹ 오징어도 껍질을 제거하고 칼집을 내어서 먹기 좋은 크기로 썰어 놓는다.

❺ 호박은 세로로 편을 썬다.

❻ 브로콜리는 끓는 물에 소금을 넣고 데친 후 찬물에 식혀 먹기 좋은 크기로 떼어 물기를 뺀다.

❼ 청·홍피망도 큼직하게 썰어 놓는다.

❽ ①~④의 재료에 소금 1/3t, 후추 약간, 올리브오일 1T, 화이트와인 1T를 넣고 잘 섞어 놓는다.

❾ ⑤~⑦의 재료에 소금 1/3t, 후추 약간, 올리브오일 1/2T를 넣고 잘 섞어 놓는다.

❿ 유산지를 펴고 ⑨를 밑에 깔고 그 위에 ⑧을 올린 다음 유산지를 복주머니처럼 묶는다.

⓫ 오븐 180℃에서 10분이나 전자레인지에서 5분을 돌려서 그릇에 놓고 유산지의 끈을 푼다.

TIP

훈제 연어의 경우 한 번에 이용할 분량대로 랩에 싸서 냉동 보관하는 것이 좋다.

생선 요리

코다리찜 / 260kcal

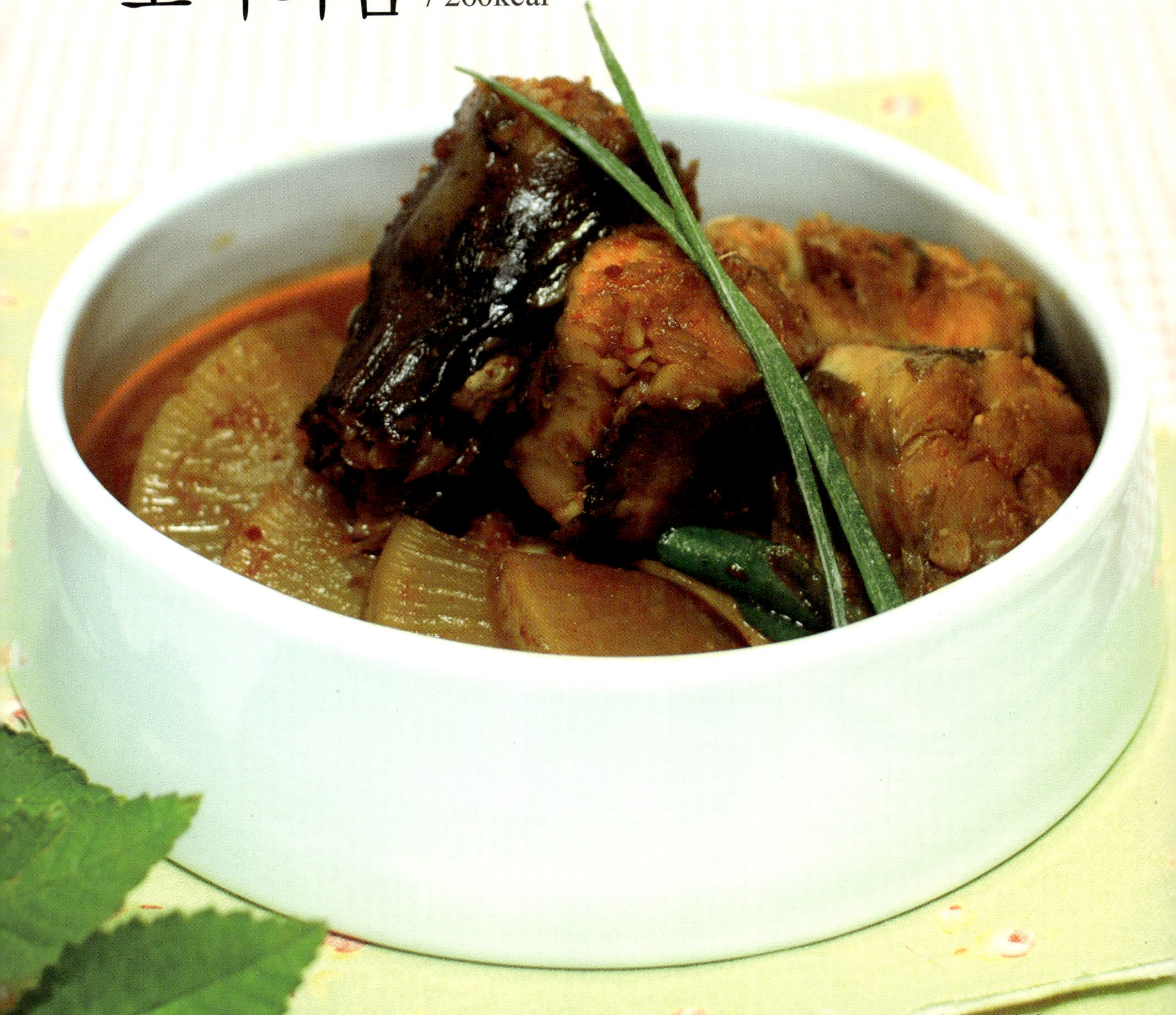

내장을 뺀 명태를 반건조시킨 것을 '코다리'라고 하는데, 조림이나 튀김, 찜으로 많이 요리한다. 지방의 함량이 적고 칼로리가 낮아 다이어트 식품으로 좋으며 메티오닌과 같은 아미노산이 풍부하여 간을 보호하는 효능이 있다. 눈 건강에도 도움을 주기 때문에 시력을 회복하는 효과가 있다.

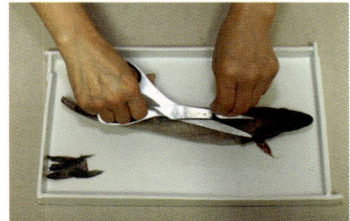

재료 코다리 1마리(200g), 양파 1/2, 파 1/2대, 무 100g

양념 맛간장 1과 1/2c, 고춧가루 1T, 고추장 1T, 진간장 1t, 조청 2T, 식용유 1T, 다진 마늘 1T, 다진 생강 1t

● 요리하기 ●

❶ 무는 0.8cm 두께로 납작하게 썬다.

❷ 양파는 채 썰고, 파는 어슷하게 썬다.

❸ 코다리는 지느러미를 가위로 손질해서 씻은 후, 물기를 빼고 토막을 낸다.

❹ 냄비 바닥에 무를 깔고 양념을 1/2만 넣어 뚜껑을 덮고 중불에서 자작하게 끓인다.

❺ ④에 코다리를 넣고 양파와 파, 나머지 양념을 넣은 후 중불에서 코다리에 양념이 배도록 국물을 끼얹어가며 조린다.

❶ 코다리의 손질은 지느러미, 꼬리순으로 제거한다.

❷ 무가 너무 얇으면 조림 후에 양념이 짜게 배거나 뭉그러질 수 있으니 주의한다.

❸ 코다리의 머리와 아가미를 잘 닦아서 같이 조린다.

Part 3
채소요리

고사리 나물　　　　　　　쑥갓나물 무침

깻잎찜　　　　　　　　　쑥 애탕국

냉이 무침　　　　　　　　쑥 연근전

냉이 잡채　　　　　　　애호박 된장찌개

늙은 호박 고추장찌개　　애호박 새우젓국

더덕 무침　　　　　　양배추 강황 들깨탕

도라지 나물 볶음　　　　양파 미역 냉국

도라지 오이 무침　　　　엄마표 야채국

돌나물 물김치　　　　　　연근 조림

돌나물 버섯 초회　　　　오이고추 잡채

돌미나리 초무침　　　오이 오징어채 무침

두릅 전병 무침　　　　　　우엉 조림

두부 쑥갓나물 무침　　　원추리 김 무침

두부 조림　　　　　　　　콩까스

마늘종과 오징어채 무침　콩나물 해장국

머위잎 들기름 볶음　　표고버섯 잣소스 무침

봄나물 버섯모듬 전골　　　해물 연근전

비지찌개　　　　　　　호박나물 볶음

생양파 김치　　　　　　　호박선

고사리
나물 / 90kcal

고사리는 단백질이 많이 함유되어 있어 '산에서 나는 소고기' 라 한다. 삶은 고사리에는 단백질, 당질, 칼슘, 철분 등 무기질이 많이 함유되어 있다. 따라서 피를 맑게 해주고 두뇌를 깨끗하게 해준다. 또한 치아와 뼈를 튼튼하게 해주는 성분이 들어 있어 골다공증 등 칼슘이 부족한 사람에게 좋은 치료효과를 보인다.

● 준비하기 ● 2-3인 분량 / 30분

재료　고사리 200g, 집간장 1/2T, 진간장 1/2T, 다진 파 1~2T,
　　　들기름 약간, 통깨 약간

● 요리하기 ●

❶ 고사리를 끓는 물에 데친다.
❷ 데친 고사리를 찬물에 헹구어 먹기 좋은 크기로
　 썰고 물기를 뺀다.
❸ 팬에 들기름을 두르고 고사리를 볶는다.
❹ ③에 집간장, 진간장, 다진 파를 넣고 푹 익힌 후,
　 간을 맞추고 통깨를 뿌려 마무리한다.

마른 고사리는 찬물에 불린 후 건져서 끓는 물에 삶고, 다시 찬물에 헹군 후 물에 담가 놓는다.

채소
요리

깻잎찜 / 185kcal

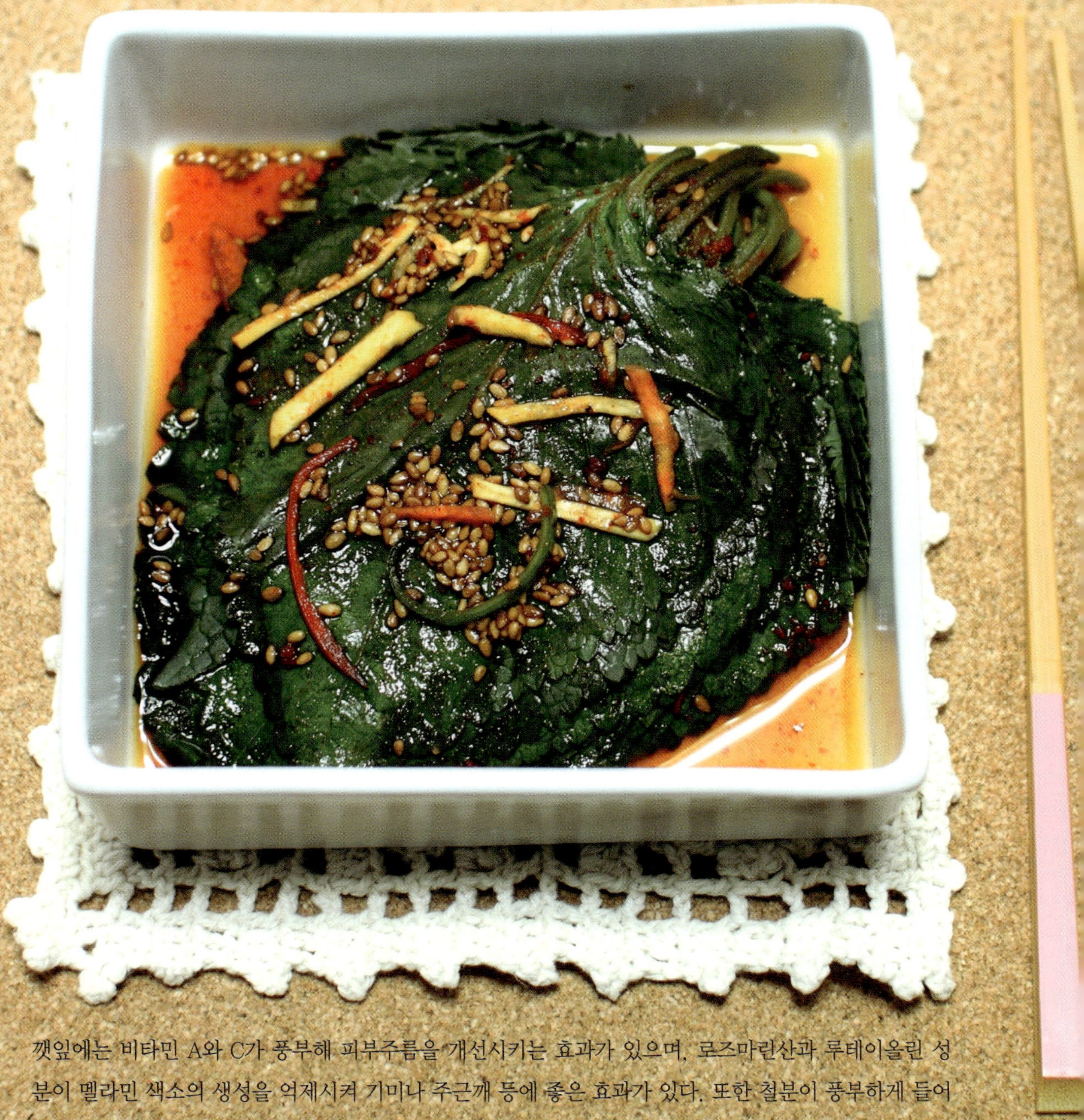

깻잎에는 비타민 A와 C가 풍부해 피부주름을 개선시키는 효과가 있으며, 로즈마린산과 루테이올린 성분이 멜라민 색소의 생성을 억제시켜 기미나 주근깨 등에 좋은 효과가 있다. 또한 철분이 풍부하게 들어 있어 빈혈을 예방해주며, 페릴키톤이 방부제 역할을 해주기 때문에 식중독 예방에도 효과가 있다.

● 준비하기 ● 2-3인 분량 / 30-40분

재료 깻잎 30장, 청 · 홍고추 각 1/2개, 당근 20g, 밤 5~6알

양념 맛간장 1/2C, 집간장 1T, 통깨 1T, 고춧가루 1T, 조청 1T, 참기름 1T

● 요리하기 ●

❶ 깻잎을 깨끗이 씻어 한 장 한 장 맞춰서 물기를 뺀다.

❷ 당근, 청 · 홍고추, 밤을 곱게 채 썬다.

❸ 양념장에 ②를 섞어 깻잎 2~3장마다 넣는다.

❹ 깻잎을 그릇에 담아 김 오른 찜통에 찐다.

집간장 대신 맑은 액젓을 1T 넣으면 진한 맛이 난다.

채소
요리

냉이 무침 / 80kcal

봄을 알리는 대표적인 나물인 냉이는 나물 중에서 단백질의 함량이 가장 풍부하고 철분과 칼슘 등의 무기질 함량이 풍부하다. 냉이에 함유된 비타민과 칼슘, 철분 등은 혈압의 수치를 정상수치로 되돌려주는 효능이 있다. 냉이는 체내의 나쁜 세균들을 해독시켜 주면서 변비 속에 있는 대장균들을 제거해 주어 변비 개선에 효과가 있다.

재료 냉이 200g

양념 고추장 1과 1/2T, 참기름 약간, 통깨 약간, 소금 약간

● 요리하기 ●

❶ 냉이의 누런 잎을 떼고 뿌리 쪽을 칼로 다듬어서
   흙이 나오지 않을 정도로 씻는다.
❷ 끓는 물에 소금을 넣고 손질한 냉이를 넣어서
   데친다.
❸ 데친 냉이를 찬물에 헹궈서 물기를 짠 다음 먹기
   좋은 크기로 썰어 놓는다.
❹ 냉이에 고추장을 넣고 무치다가 참기름과 통깨를
   넣고 마무리한다.

❶ 다진 파나 다진 마늘을 사용해도 좋지만, 냉이 자체의 향을 원할 경우에는 사용하지 않는다.
❷ 냉이를 너무 꼭 짰을 경우 고추장에 다싯물을 1T 정도 넣고 개서 무치면 촉촉하다.

채소
요리

냉이 잡채 / 420kcal

냉이에 함유된 카로틴 성분은 시력을 보호하고 눈의 피로감을 줄여 주는 효능이 있다. 갑자기 눈이 충혈되거나 시력이 떨어지는 증상이 나타나면 냉이를 섭취하는 것이 좋다. 냉이는 열량이 낮아서 다이어트 중에 섭취하여도 좋으며, 비타민 A 성분이 풍부하여 춘곤증 예방에도 좋다.

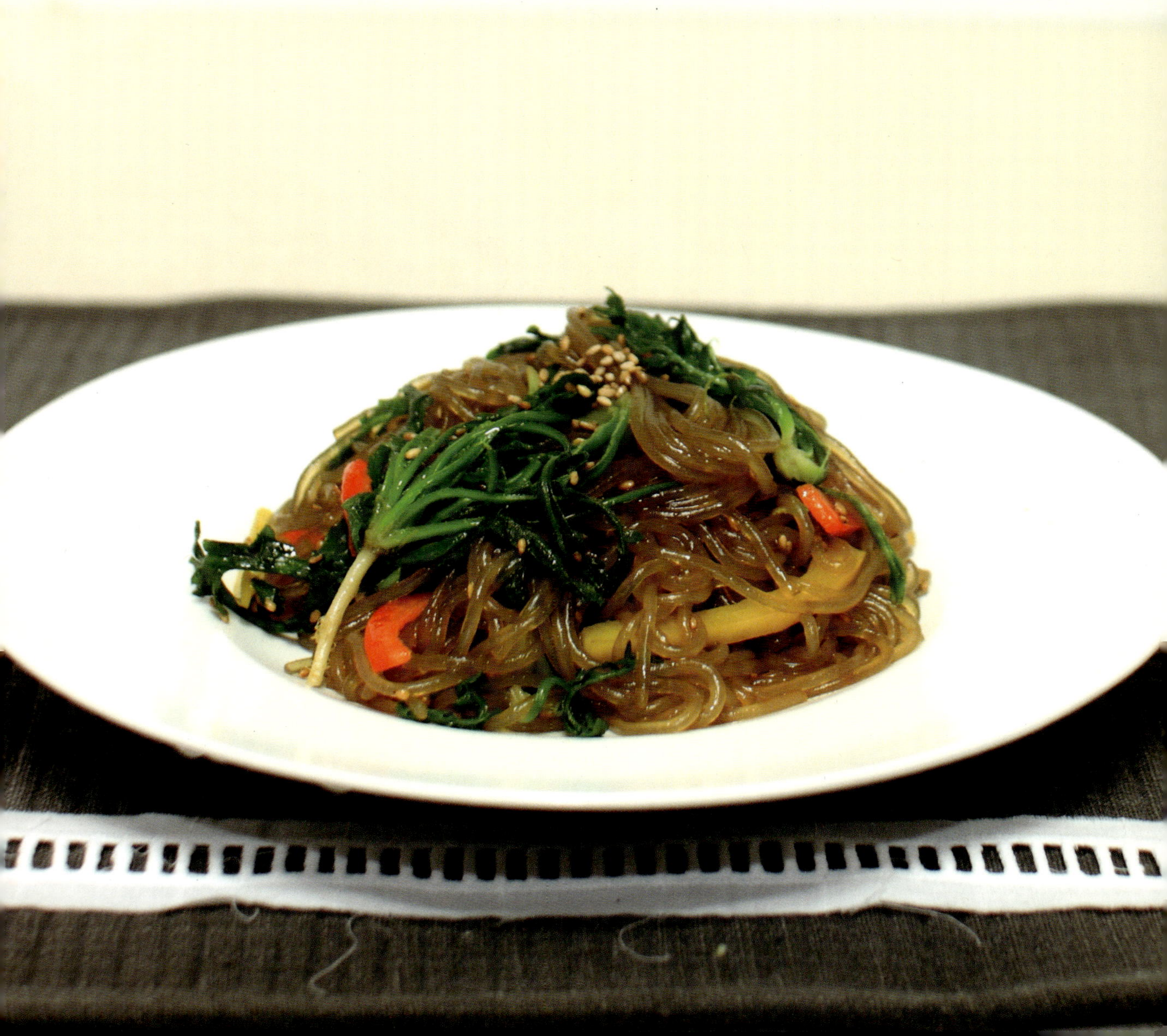

재료 당면 100g, 냉이 200g, 홍피망 1/2개, 노랑피망 1/2개,
굵은 소금 약간, 가는 소금 약간

당면 양념 맛간장 1C, 설탕 1T, 식용유 1T

잡채 양념 참기름 약간, 통깨 약간, 진간장 약간, 후춧가루 약간

● 요리하기 ●

❶ 당면을 물에 불려 놓는다.

❷ 냉이는 뿌리 쪽 손질을 잘 해서 끓는 물에 굵은
소금을 넣고 파랗게 데친 후에 찬물에 헹궈 물기
를 짜 놓는다.

❸ 큰 냉이는 길게 자르고 소금, 참기름, 진간장을
조금 넣고 조물조물 무쳐 놓는다.

❹ 홍피망과 노랑피망은 곱게 채 썰어 놓는다.

❺ 뜨거워진 팬에 홍피망, 노랑피망을 넣고 아삭하
게 볶아 놓는다.

❻ 맛간장, 설탕, 식용유를 팬에 넣고 끓으면 당면을
넣어 볶는다.

❼ 볶은 당면에 냉이, 피망을 잘 섞은 후 참기름, 후
춧가루, 진간장을 넣고 잘 버무린다.

❽ 통깨를 뿌려 마무리한다.

냉이를 다듬을 때는 뿌리와 잎이 붙어 있는 곳을 칼로 깨끗
이 긁어주고 누렇게 된 잎을 따준다. 뿌리는 칼등으로 긁어
서 잔털을 손질한다.

채소
요리

늙은 호박 고추장찌개 / 270kcal

호박은 늙을수록 당질이 증가하고 비타민 A와 C의 함량도 늘어난다. 늙은 호박은 칼로리가 낮고 노폐물 배출과 이뇨작용을 도우며 지방의 축적을 막아주기 때문에 다이어트에 좋은 음식이다. 한방에서는 늙은 호박을 '남과(南瓜)' 라고 하여 산후조리, 냉증, 감기, 중풍 등에 치료약으로 이용하였다.

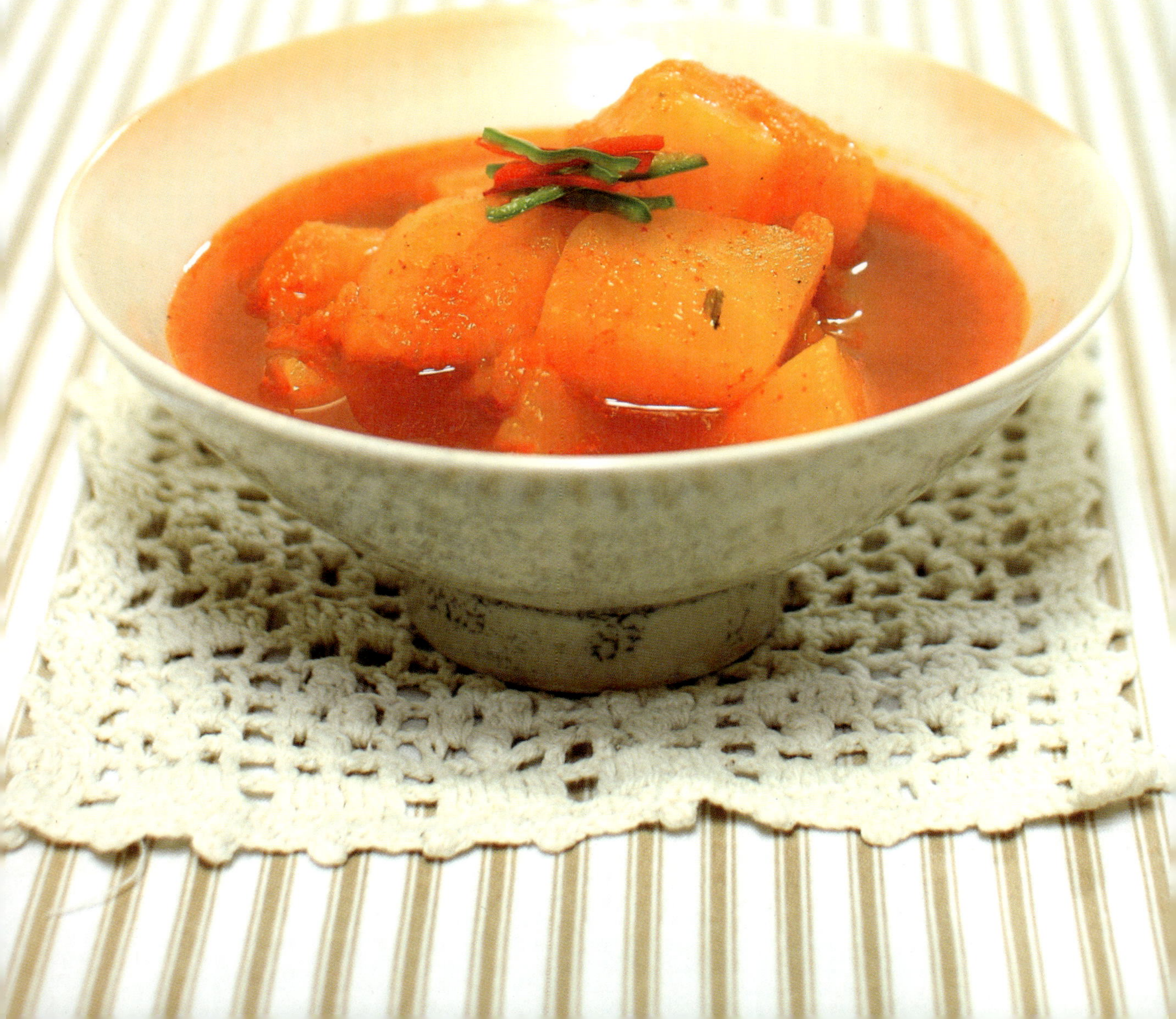

재료 늙은 호박 1kg, 멸치 한 줌, 채수 3~5C, 식용유 1T, 소금 약간, 고추장 2~3T, 조청 1T

● 요리하기 ●

❶ 늙은 호박은 속을 파내고 껍질을 벗겨서 큰 깍뚝 썰기를 한다.

❷ 냄비에 마른 팬으로 볶아 놓은 멸치와 호박 썬 것을 넣고 호박이 잠길 정도의 채수를 넣는다.

❸ 식용유 1T, 고추장 2T를 넣고 센불 → 중불로 은근히 끓인다.

❹ 호박이 달지 않으면 조청과 소금을 넣어 간을 맞춘다. 이때 고추장의 농도를 확인하고 남은 고추장으로 조절한다.

❶ 잘 익은 호박은 단맛이 강하므로 조청을 빼도 좋다.

❷ 청양고추를 2~3개 넣으면 칼칼하고 담백한 맛을 낼 수 있다.

채소 요리

더덕 무침 / 160kcal

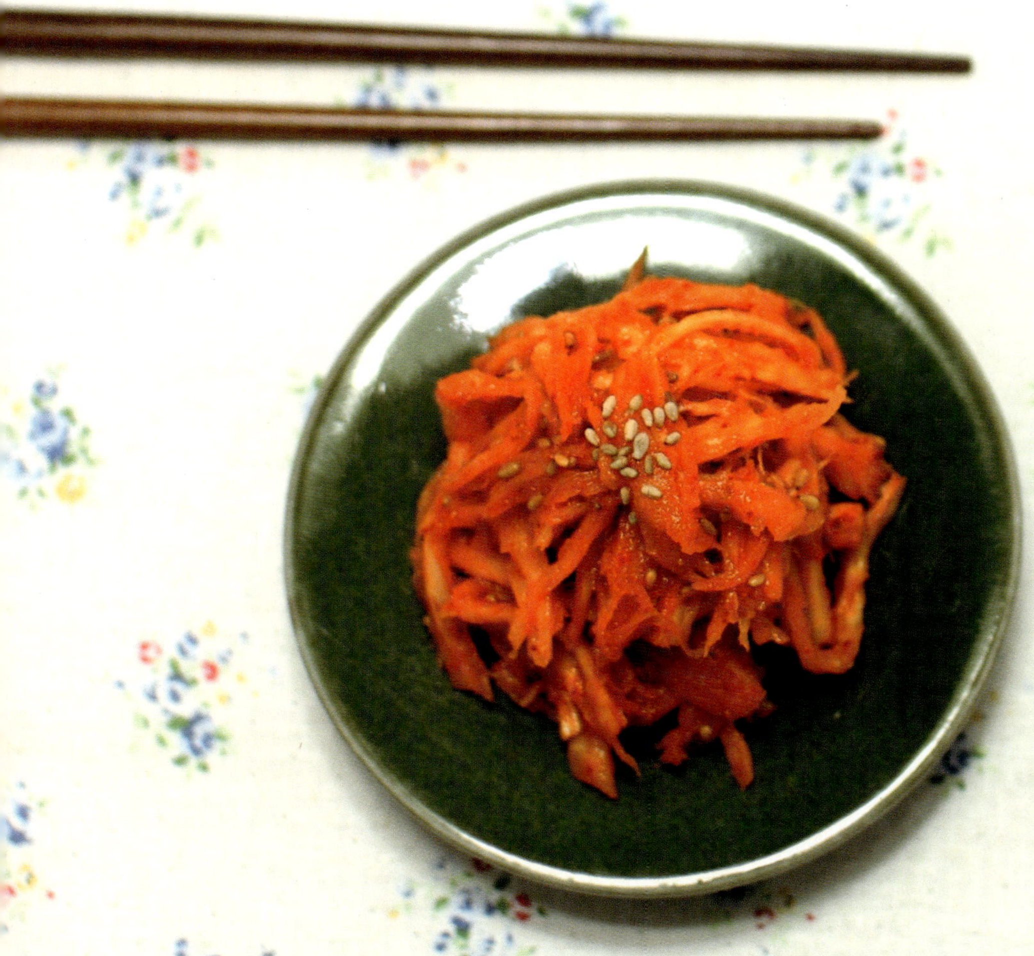

더덕에는 '사포닌' 이 다량 함유되어 있어 허약해진 위를 튼튼하게 하고 폐 기능도 원활하게 하는 효능이 있다. 특히 소염 기능이 뛰어나 인후염과 임파선염, 유선염 등의 염증 질환을 앓는 사람에게 아주 좋다. 피부의 독을 배출시켜 아토피나 피부 질환에도 좋은 효과를 보인다.

● 준비하기 ● 2-3인 분량 / 30분

재료 더덕 200g

양념 고추장 2T, 고춧가루 1T, 소금 1/2t, 진간장 1/2T, 물엿 1T, 설탕 1/2T, 채수 5T, 참기름 약간

● 요리하기 ●

❶ 껍질을 벗긴 더덕을 방망이로 두들겨서 납작하게 편 후 잘게 찢는다.

❷ 고추장, 고춧가루, 소금, 진간장, 채수, 참기름으로 양념장을 만들어 골고루 무친다.

❸ 물엿과 설탕을 넣어 맛을 낸다.

❶ 더덕은 껍질을 벗긴 통더덕을 찬물에 담가두면 갈변을 막을 수 있다.

❷ 바로 먹을 것에만 통깨를 뿌린다.

❸ 양념장 대신 소금과 참기름만으로 무치면 더덕 고유의 맛을 더 느낄 수 있다.

도라지 나물 볶음 / 180kcal

단맛이 있어 식욕을 돋우는 도라지는 단백질, 당질, 식이섬유, 칼슘, 철분 등의 미네랄과 다양한 비타민, 사포닌 등의 성분이 함유된 알칼리성 식품이다. 특히 폐와 기관지의 면역력을 높이고 염증을 완화시키므로 호흡기 질환이 있는 사람에게 좋다. 또한 피부를 진정시키는 작용이 있어 여드름을 개선한다.

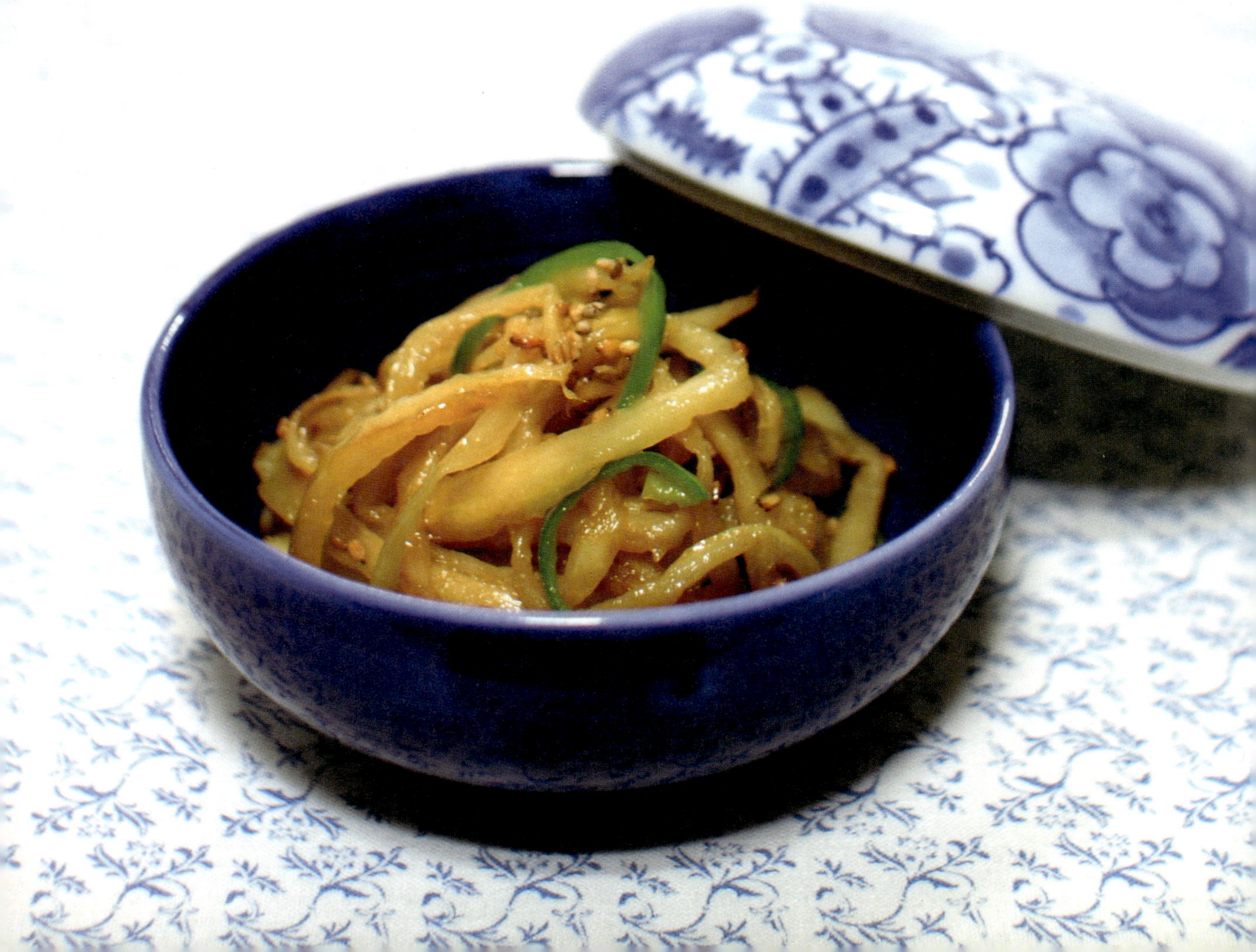

● 준비하기 ● 2-3인 분량 / 20-30분

재료 도라지(쪼개진 것) 200g, 청고추 1/2개

양념 소금 1g, 식용유 약간, 집간장 1/2T, 참기름 약간, 통깨 약간

● 요리하기 ●

❶ 도라지를 씻어서 소금에 살짝 절였다가 주물러 씻어 물기를 뺀다.

❷ 청고추는 씨를 빼고 곱게 채 썰어 놓는다.

❸ 도라지에 집간장 1/2T, 소금 1g, 식용유를 넣고 잘 섞는다.

❹ 팬이 달구어지면 ③을 넣고 볶다 청고추를 넣고 중불에서 살짝 볶는다.

❺ 참기름, 통깨를 넣고 불을 끄고 마무리한다.

도라지에는 특유의 쓴맛이 있는데, 소금물에 살짝 데쳐 그 맛을 빼기도 한다. 그러나 도라지의 쓴맛은 대부분 사포닌 성분이므로 영양을 생각하여 너무 많이 제거하지는 않도록 한다.

채소 요리

도라지 오이 무침 / 105kcal

쌉싸름한 도라지와 아삭한 오이를 함께 이용하면 풍미와 식감이 살아난다. 또 오이를 도라지와 함께 무치면 쉽게 무르지 않아 좋은 밑반찬이 된다. 약간 차가운 성질을 가진 오이와 따뜻한 성질을 가진 도라지는 서로의 성질을 보완하면서 좋은 궁합을 이룬다.

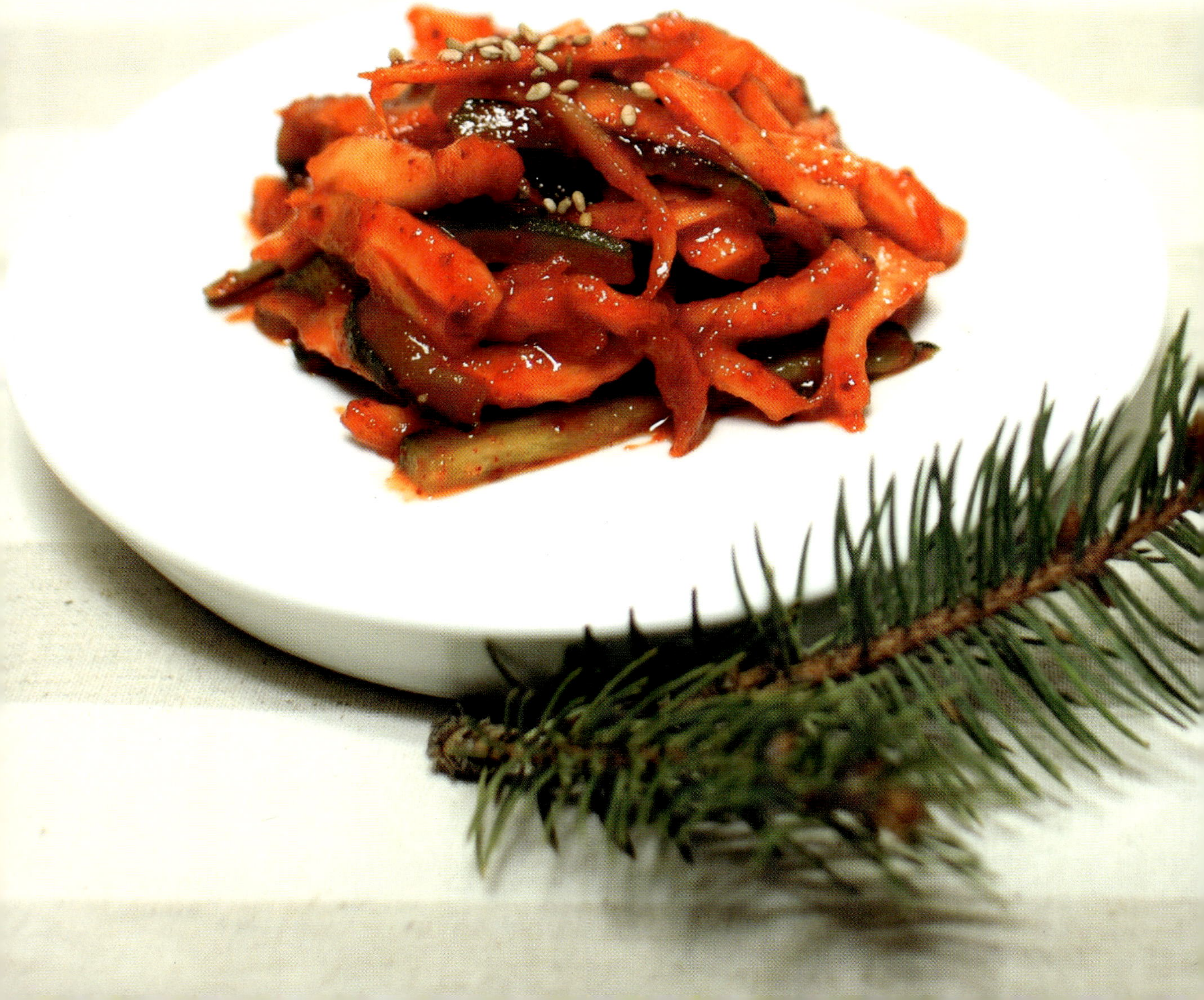

재료 도라지 100g, 오이 1/2개

양념 고춧가루 1T, 고추장 1t, 소금 1t, 설탕 1T, 식초 1T, 통깨 1T

● 요리하기 ●

❶ 도라지는 소금에 살짝 절였다가 잘 주물러서 쌉
　쌀한 맛을 뺀다.

❷ 손질한 도라지를 찬물에 헹궈서 먹기 좋은 길이
　로 썰고 물기를 뺀다.

❸ 오이는 세로로 반을 갈라서 씨를 빼고, 도라지
　길이대로 채 썰어 소금에 살짝 절였다가 찬물에
　헹군 뒤 물기를 뺀다.

❹ 고춧가루, 고추장, 소금, 설탕, 식초를 잘 섞어
　둔다.

❺ 도라지와 오이에 양념이 잘 배도록 버무리면서
　통깨를 뿌려 준다.

TIP

단단한 재료에 양념을 먼저 버무리고, 부드러운 재료를 나중
에 섞어서 살살 버무려 준다.

돌나물 물김치 / 120kcal

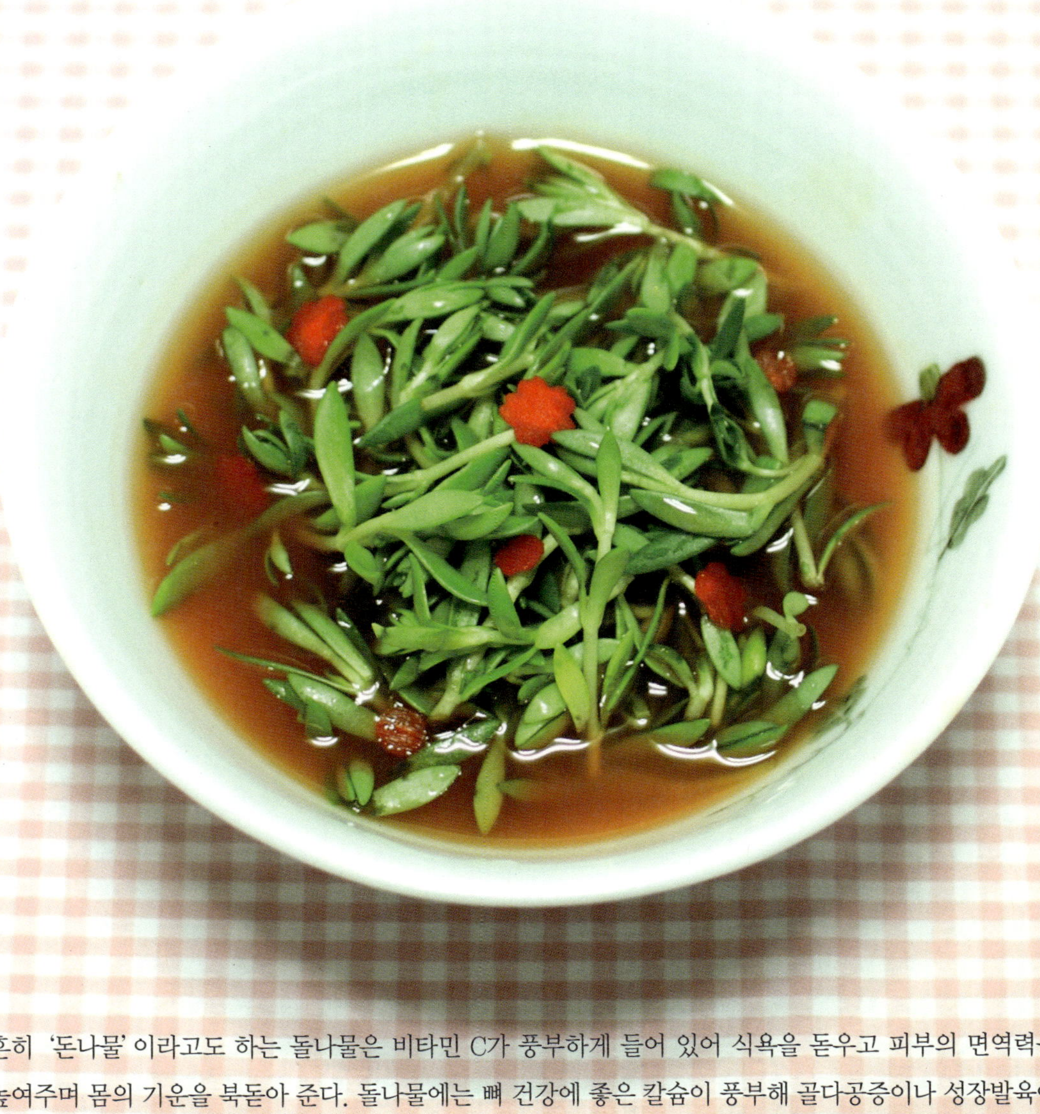

흔히 '돈나물' 이라고도 하는 돌나물은 비타민 C가 풍부하게 들어 있어 식욕을 돋우고 피부의 면역력을
높여주며 몸의 기운을 북돋아 준다. 돌나물에는 뼈 건강에 좋은 칼슘이 풍부해 골다공증이나 성장발육에
좋다. 또한 해독작용도 뛰어나 즙을 내어 아침마다 마시면 간의 피로를 풀어주고 음주 후의 숙취해소에
도 좋다.

재료 돌나물 200g

양념 배 1/2개, 생강즙 1t, 찹쌀가루 2T, 소금 2T, 고춧가루 3T, 홍고추 1개, 매실청 1과 1/2T, 물 4C

● 요리하기 ●

❶ 돌나물을 잘 씻어서 소쿠리에 밭쳐 물기를 뺀다.

❷ 물에 찹쌀가루를 잘 풀어서 옅은 찹쌀풀을 쑤고 차게 식힌다.

❸ 고춧가루는 찹쌀풀 물에 불려서 베보자기에 밭쳐 고춧물을 낸다.

❹ 배는 갈아서 즙을 내고, 홍고추는 동글동글하게 썰어 씨를 뺀다.

❺ ③에 생강즙, 소금, 매실청을 잘 섞어서 둔다.

❻ 그릇에 돌나물과 배즙을 잘 섞어 넣고 홍고추를 올리고 그 위에 ⑤의 국물을 부어 살살 저어 둔다.

TIP

돌나물이나 달래와 같이 주로 생으로 이용하는 봄나물은 농약이나 식중독균 등이 있을 수 있으므로, 흐르는 물에 여러 차례 씻은 후 요리하는 것이 좋다.

채소
요리

돌나물 버섯 초회 / 50kcal

아삭아삭한 식감이 좋은 돌나물은 물김치나 초무침, 샐러드 등으로 이용한다. 버섯의 식감은 고기와 유사하지만 식이섬유, 비타민, 철분 등 다양한 성분이 풍부해 영양적으로 우수하다. 돌나물과 버섯을 함께 요리하면 서로의 식감이 조화되어 음식의 풍미가 한결 살아난다.

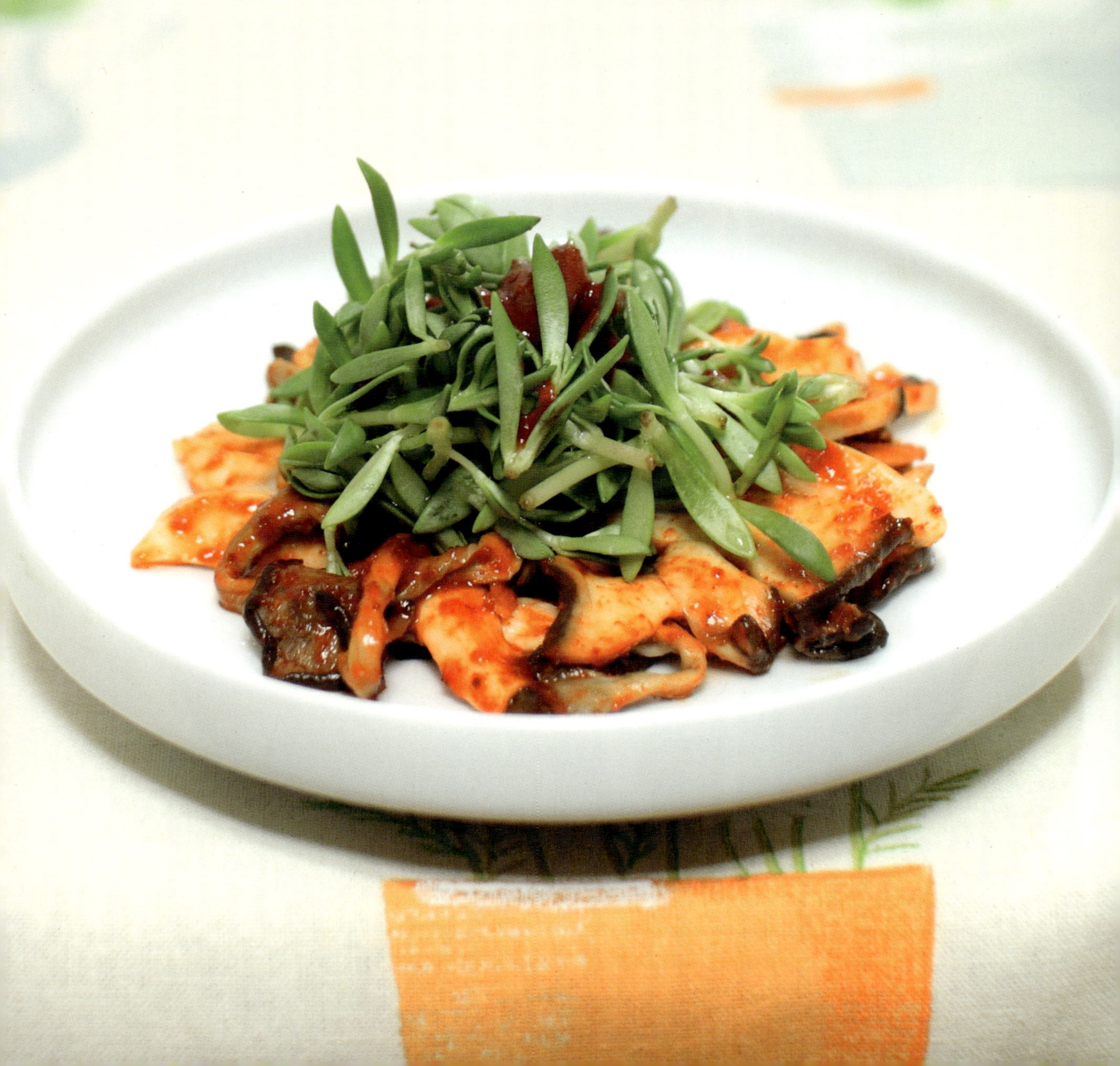

재료 돌나물 100g, 새송이버섯 1개, 느타리버섯 100g

양념 고추장 1T, 고춧가루 1/2T, 식초 1T, 매실청 1T, 소금 약간, 레몬즙 1/2T

● 요리하기 ●

① 돌나물을 살살 씻어서 물기를 뺀다.

② 새송이버섯은 0.5cm 두께와 먹기 좋은 길이로 썬다.

③ 썰어 놓은 새송이버섯과 느타리버섯은 끓는 물에 데쳐서 물기를 뺀다. 이때 느타리버섯은 한 가닥씩 뜯어 놓는다.

④ 분량대로 섞어서 초고추장을 만든다.

⑤ 초고추장을 조금 덜어서 버섯을 버무리고 버섯을 밑에 깔고 돌나물을 올린 다음 그 위에 남은 초고추장을 얹는다.

⑥ 레몬즙을 위에 뿌려 낸다.

TIP

돌나물은 오래 무치면 풋내가 날 수 있으므로 상에 내기 전에 살짝 무치는 것이 좋다.

돌미나리 초무침 / 50kcal

돌미나리는 단백질과 섬유질, 칼슘, 철분, 비타민 등의 영양소가 풍부한 식품이다. 특히 각종 독성을 해독하는 효능이 뛰어나 간경화나 간염 등을 개선시키는데 효과적이며, 숙취해소에도 큰 도움이 된다. 또 복어의 독을 중화시키는 작용을 하여 복어탕에 함께 넣으면 좋으며, 산성화된 혈액을 중화시켜 스트레스와 피로를 풀어준다.

재료 돌미나리 200g, 소금 약간

양념 고추장 1T, 고운 고춧가루 1/2T, 식초 1T, 설탕 1T, 통깨 약간

● 요리하기 ●

❶ 돌미나리를 잘 씻어서 끓는 물에 소금을 넣고 데쳐서 찬물에 헹군 후 물기를 꼭 짠다.

❷ ①을 먹기 좋은 길이로 썬다.

❸ 고추장, 고춧가루, 식초, 설탕을 잘 섞어 데친 미나리와 잘 버무린다.

❹ 마지막에 통깨를 올린다.

TIP

미나리를 데칠 때에는 물의 양을 넉넉하게 하여 끓인 후에 60초 정도로 짧게 데친다. 오래 데치면 질겨지니 주의한다.

두릅 전병 무침 / 250kcal

두릅은 단백질이 많으며 면역력 강화에 도움이 되는 사포닌과 비타민, 무기질, 아스파라긴산 등이 다량 함유되어 있다. 사포닌 성분은 혈당을 낮추고 혈액 속의 지방 성분을 낮추어 주어 당뇨병 환자에게 좋다. 두릅의 씁쓸한 맛은 위장 운동을 도와서 위장병, 위염 개선에 도움을 주고 소화 흡수작용을 활발히 해주며, 식욕을 돋워 준다.

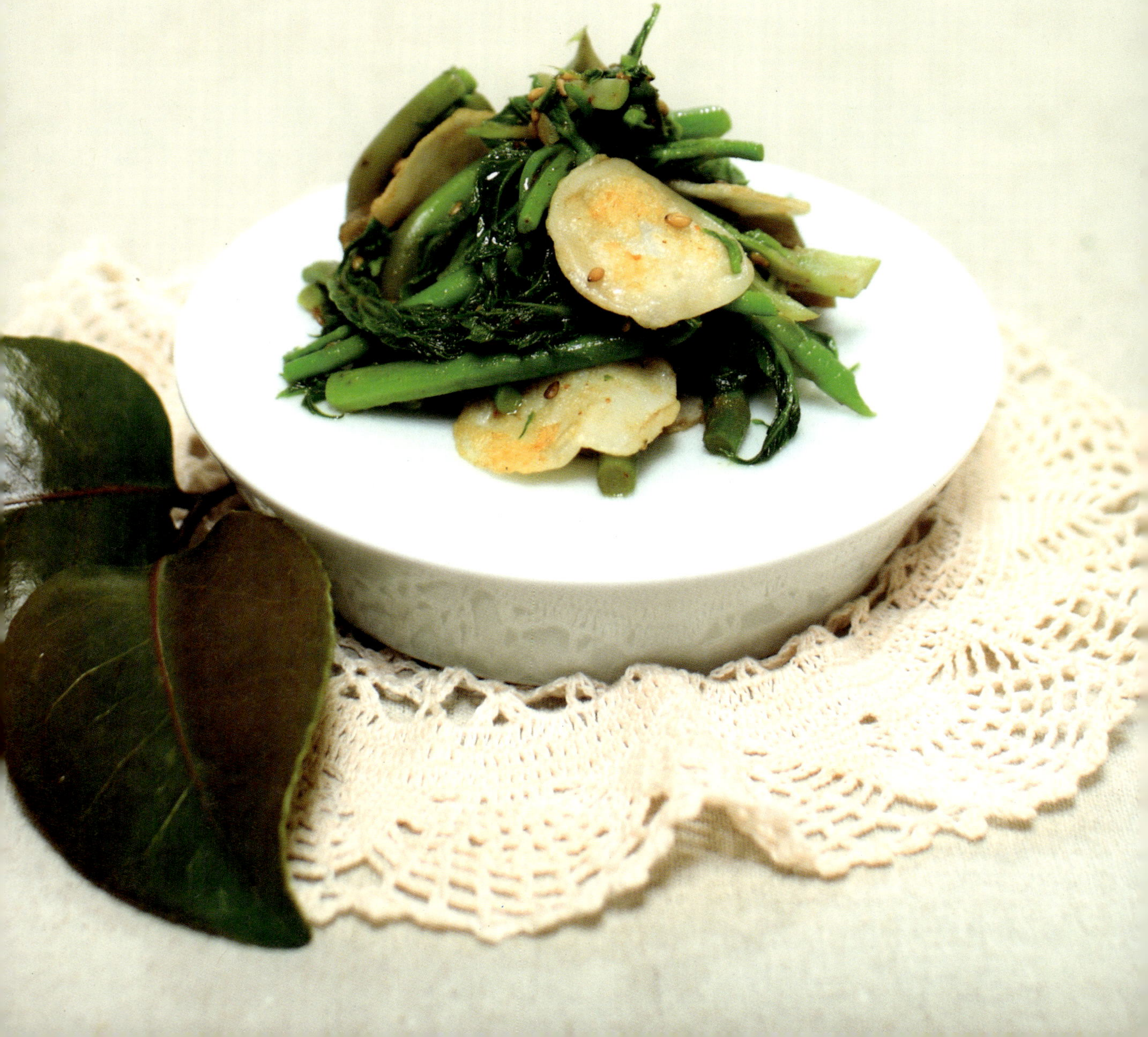

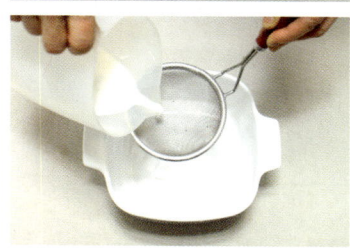

재료 두릅 200g, 찹쌀가루(또는 쌀가루) 1/4C, 채수 1/4C, 소금 약간, 식용유 약간

양념장 채수 1T, 진간장 2T, 고춧가루 1/2T, 통깨 1T, 참기름 1T

● 요리하기 ●

❶ 두릅의 단단한 밑동을 잘라내고 두꺼운 것은 칼 집을 내서 끓는 물에 소금을 넣고 데친다.

❷ 데친 두릅을 찬물에 식혔다가 물기를 제거하고 먹기 좋은 크기로 썰어 놓는다.

❸ 찹쌀가루(쌀가루)에 채수와 소금을 넣고 걸쭉하게 반죽해서 많이 저어 체에 내려준다.

❹ 팬을 달궈서 식용유를 넣고 한 국자씩 떠서 얇게 전병을 만들어 식힌 다음 먹기 좋은 크기로 썬다.

❺ 썰어 놓은 두릅과 전병을 양념장으로 무친다.

잘라 놓은 떡국용 떡을 구워서 밀전병 대신 사용해도 좋다.

두부 쑥갓나물 무침 / 100kcal

쑥갓은 전골, 생선찌개, 무침 등의 요리에서 산뜻한 향과 감칠맛을 내는 용도로 쓰인다. 쑥갓은 예부터 위를 따뜻하게 하고 장을 튼튼하게 하는 채소로 애용되었다. 신선한 상태인 생것으로 먹는 것이 가장 좋지만 특유의 향이 있어 주로 나물로 많이 이용한다.

● 준비하기 ● 2~3인 분량 / 30분

재료 쑥갓 200g, 두부 1/2모

양념 소금 1/2T, 통깨·참기름 1T, 홍고추 1/2개

● 요리하기 ●

❶ 두부는 씻어서 물기를 뺀 다음 칼등으로 으깨어 면보로 꼭 짜준다.

❷ 쑥갓은 끓는 물에 소금을 넣고 새파랗게 데쳐서 찬물에 헹구어 물기를 꼭 짜서 먹기 좋은 크기로 썬다.

❸ 홍고추는 씨를 빼고 곱게 채 썬다.

❹ 두부, 쑥갓에 소금으로 잘 섞고 홍고추, 참기름, 통깨를 넣고 무쳐낸다.

TIP

간을 할 때는 항상 한 번에 다 넣지 않고 1/3 정도는 남겼다 간이 모자랄 때 마저 넣는다.

채소
요리

두부 조림 / 220kcal

두부는 다양한 영양소를 두루 갖춘 영양만점 식품이다. 두부에 함유되어 있는 식이섬유에는 많은 올리고 당이 있어 변비개선에 도움을 주며, 리놀산 성분은 콜레스테롤 수치를 낮춰 동맥경화를 예방한다. 또한, 이소플라본 성분은 뼈가 손상되는 것을 막아주고 골다공증 예방에 큰 도움이 된다.

● 준비하기 ● 2-3인 분량 / 30분

재료 두부(단단한 것) 1모

양념 집간장 1T, 맛간장 1/2C, 매실청 1T, 고춧가루 1/2T, 청고추 1/2개, 홍고추 1/2개, 식용유 약간, 통깨 약간

● 요리하기 ●

❶ 두부 1모를 씻어서 물기를 빼고, 가로는 반으로 자르고 세로는 8등분한다.

❷ 홍 · 청고추는 곱게 다져 놓는다.

❸ 집간장 1T, 맛간장 1/2C, 매실청 1T, 고춧가루 1/2T를 섞어 놓는다.

❹ 달궈진 팬에 식용유를 조금 두르고 두부를 앞뒤로 노릇하게 구워 놓는다.

❺ 냄비에 ③을 넣고 보글보글 끓으면 구워진 두부를 넣고 앞뒤로 뒤적여 양념이 골고루 배이도록 한다.

❻ 다진 홍 · 청고추를 넣고 국물을 조려서 통깨를 뿌린다.

TIP

두부를 노릇노릇하게 구워야 조림이 고소하다.

마늘종과 오징어채 무침 / 360kcal

마늘종에는 강력한 살균작용이 있어 혈전형성을 예방한다. 마늘과 성분이 비슷하지만 베타카로틴 성분
은 더 많이 함유되어 있다. 혈액순환을 원활하게 해주고 피를 맑게 해주는 효능이 있어 손발이 찬 사람이
먹으면 좋다. 또한 식이섬유가 풍부하게 함유되어 있어 콜레스테롤 예방에 좋다.

재료 마늘종 100g, 오징어채 100g

양념 생강즙 1T, 고추장 5T, 조청 2T, 식용유 1T, 매실청 1T, 식초 2T, 통깨 약간, 참기름 약간, 소금 약간

● 요리하기 ●

❶ 마늘종은 씻어서 3cm 간격으로 썰어 끓는 물에 소금을 약간 넣고 빠르게 데친다.

❷ 데쳐 놓은 마늘종을 찬물에 헹궈 물기를 뺀다.

❸ 고추장, 조청, 식용유, 매실청, 생강즙을 잘 섞어서 센불 → 중불에서 끓인다.

❹ ③이 '폭, 폭' 소리를 내면서 올라올 때 불을 끈다.

❺ 오징어채는 먹기 좋은 길이로 잘라서 ④가 뜨거울 때 섞는다.

 • 이때 고추장이 많은 듯하게 한다.

❻ ⑤가 식으면 마늘종과 식초 2T를 넣고 잘 버무린 후 참기름과 통깨를 섞는다.

TIP

마늘종을 적당한 길이로 잘라 비닐랩으로 싼 후에 냉장 보관하면 일주일 정도는 신선도를 유지한다.

머위잎 들기름 볶음 / 90kcal

보통 '머우' 또는 '머구' 라고 불리는 머위의 잎에는 카로티노이드와 플라보노이드, 사포닌 성분 그리고 사과산, 포도산이 함유되어 있어서 기침과 가래, 편도선염, 천식을 치료하는 효능이 있다. 특히 식이섬유와 불포화지방산이 들어 있어 들깨와 함께 이용하면 콜레스테롤을 제거하고 각종 성인병을 예방한다.

재료 머위잎 200g

양념 들기름 2T, 집간장 1/2T, 홍고추 1/2T, 통깨 약간, 채수 2T

● 요리하기 ●

❶ 물이 끓으면 소금을 넣고 머위잎을 데쳐서 찬물에 헹군다.

❷ 찬물에 20~30분 정도 담가서 쓴맛을 뺀다.

❸ 머위잎을 꼭 짜서 먹기 좋은 크기로 찢어 놓는다.

❹ 홍고추는 씨를 빼고 곱게 채 썰어 놓는다.

❺ 집간장과 채수를 머위잎에 넣고 조물조물 무치다가 들기름으로 다시 버무린다.

❻ 뜨거운 팬에 ⑤를 볶다가 홍고추를 넣고 다시 한 번 볶는다.

❼ 완성된 요리에 통깨를 넣고 버무린다.

 TIP

머위의 쓴맛을 즐기는 사람은 찬물에 우리지 않고 사용해도 좋다.

봄나물 버섯모듬 전골 / 120kcal

봄나물은 신진대사를 원활하게 하여 춘곤증을 이기게 한다. 봄나물 중 참나물은 상쾌하고 독특한 향기가 있어 입맛을 잃기 쉬운 봄철에 미각을 되찾아 주며, 쓴맛이 강한 취나물은 살짝 데쳐서 갖가지 양념에 무쳐 먹거나 볶아 먹는다. 비타민과 무기질이 풍부한 냉이는 봄철 입맛을 되찾아 주는 대표적인 채소이다.

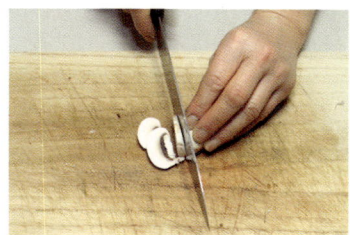

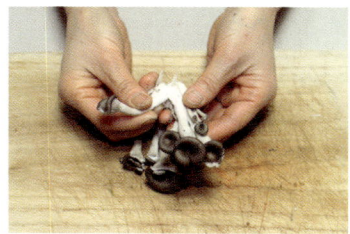

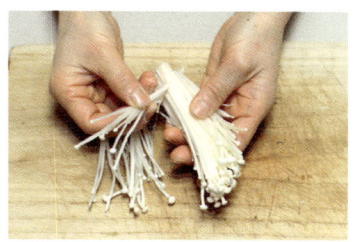

● 준비하기 ▶ 2-3인 분량 / 30분

재료 참나물 · 취나물 · 냉이 각 50g, 각종 버섯(양송이버섯 · 표고 버섯 · 새송이버섯 · 느타리버섯 · 팽이버섯) 각 2~3개, 청 · 홍 고추 각 1개

양념 채수 5C, 된장 3~4T

● 요리하기 ▶

❶ 준비한 나물을 씻어 물기를 뺀다.
❷ 새송이버섯과 표고버섯은 먹기 좋은 크기로 자르고, 양송이버섯은 모양을 살려서 썬다. 느타리버섯과 팽이버섯은 뜯어 놓는다.
❸ 청 · 홍고추는 어슷하게 썬다.
❹ 냄비에 나물을 돌려 담고 버섯은 가운데 놓는다.
❺ 냄비에 준비한 채수를 끓이다가 된장을 풀고 청 · 홍고추를 예쁘게 올려놓고 한소끔 끓인다.

❶ 매콤한 맛을 원하면 청양고추를 다져서 이용해도 좋다.
❷ 간은 나중에 소금으로 한다.

채소 요리

비지찌개 / 390kcal

비지는 두부를 만들고 남은 찌꺼기를 말하는데, 찌꺼기가 아닌 불린 대두를 간 것을 '비지' 라고 부르기도 한다. 식이섬유인 올리고당이 풍부하게 함유되어 있어 변비에 좋으며, 단백질로 이루어져 있으면서도 칼로리가 낮아 다이어트 식품으로 좋다. 체내의 지방이 쌓이는 것을 막아주기도 한다.

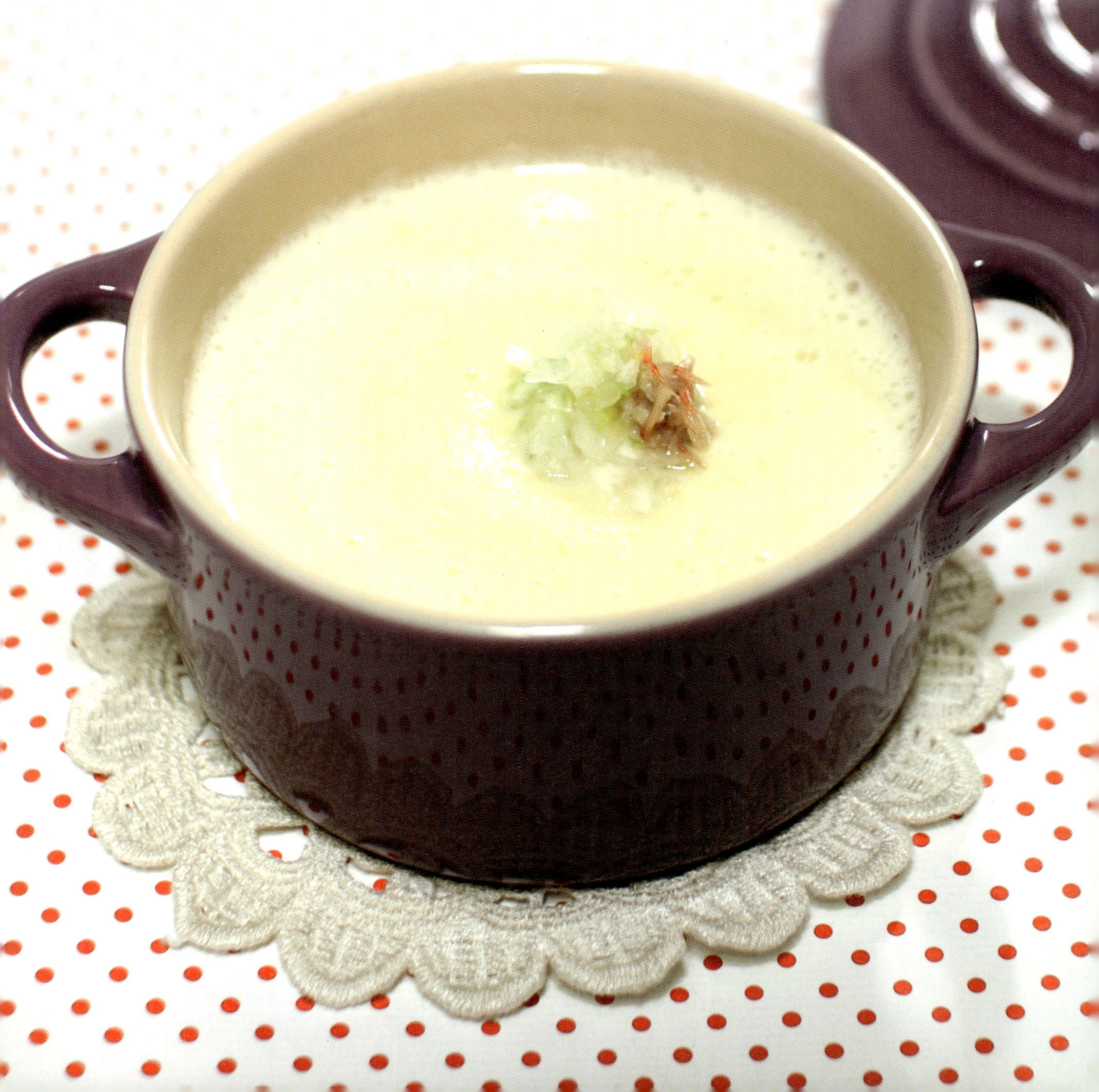

재료 불린 대두 1C

양념 채수 1C, 다진 마늘 1t, 다진 파 2T, 새우젓 1/2T, 소금 1/3t

• 요리하기 •

❶ 불린 콩을 물이 끓을 때 넣고 데친다.

• 맛을 봐서 고소하면 꺼낸다.

❷ ①을 믹서에 넣고 곱게 간다.

• 이때 콩을 삶은 물로 농도를 조절한다.

❸ 채수를 끓이다가 다진 마늘과 비지를 넣고 푼다.

❹ 끓이기가 마무리 되면 다진 파를 넣는다.

❺ 맑은 새우젓을 넣고 나머지 간은 소금으로 한다.

TIP

김치를 잘게 썰어 마른 팬에 볶다가 채수를 넣고 끓으면 비지를 넣고 다시 끓인다. 이렇게 하면 씹히는 맛이 있어 좋다.

생양파 김치 / 130kcal

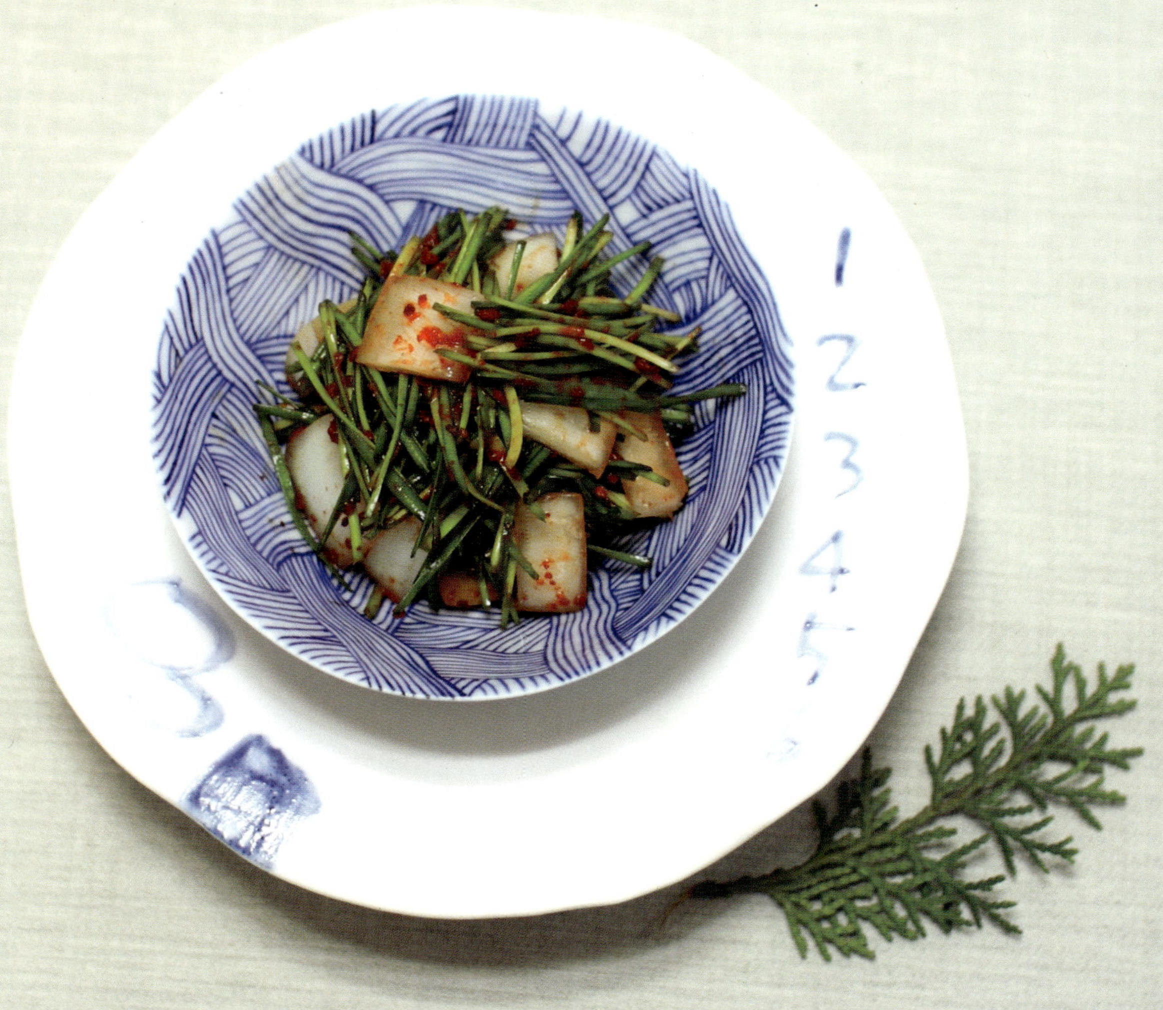

양파는 혈액 속의 불필요한 지방과 콜레스테롤을 녹여 없앤다. 따라서 동맥경화와 고지혈증을 예방하고
치료한다. 양파는 말초조직에 쌓인 콜레스테롤을 제거하는 중요한 역할을 하는 HDL 콜레스테롤을 증가
시켜 주며, 세균 속의 단백질에 침투하여 살균·살충효과를 낸다. 이런 살균력과 해독력으로 육류의
부패를 막기도 한다.

재료 양파 3개, 영양부추 30g

양념 고춧가루 2T, 새우젓 1/2T(또는 멸치액젓 1T), 생강즙 1/2t,
매실청 1과 1/2T, 파 약간, 소금 약간

● 요리하기 ●

❶ 양파를 먹기 좋은 크기로 네모지게 썰어서 찬물
에 10분 정도 담가 놓는다.
  • 이렇게 하면 양파의 매운맛과 강한 향이 제거된다.

❷ 부추는 씻어서 3cm가량이 되게 썰어 놓는다.

❸ 새우젓으로 할 경우는 새우젓을 잘 다져 놓는다.

❹ 양파를 물에서 건져 물기를 뺀 다음 부추와 양념
을 넣고 버무린다.

❶ 부추대신 오이를 이용해도 좋다.

❷ 매운 양파면 소금에 10분 정도 절였다가 이용한다.

쑥갓나물 무침 / 60kcal

쑥갓에는 칼슘 성분이 많아 뼈에 좋고, 신경을 안정시켜주는 작용을 하여 불면증이 있을 때는 수면을
유도해준다. 칼륨이 많아서 고혈압이나 뇌졸증같은 성인병을 예방하며, 빈혈 예방에도 좋다. 쑥갓은
피부미용에 도움을 주기도 하는데, 기미나 주근깨를 없애는데 특히 좋다. 생즙을 내어 이용하면 위장을
튼튼하게 한다.

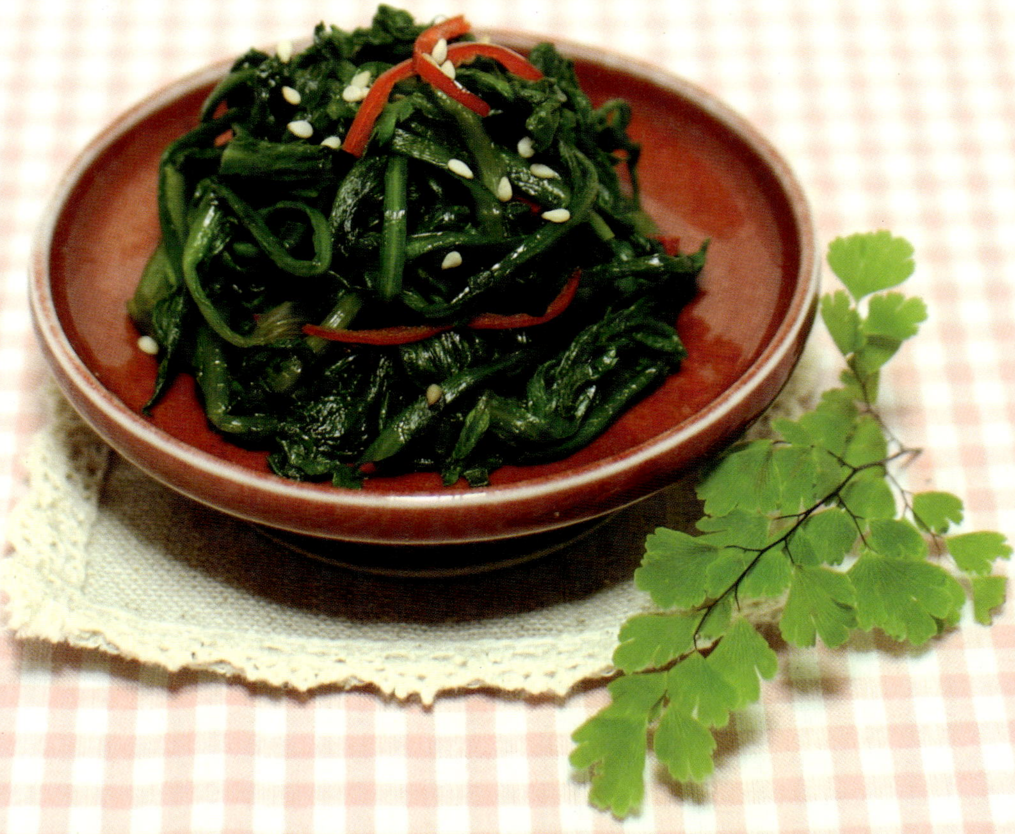

재료 쑥갓 200g

양념 홍고추 1/2T, 집간장 1/2T, 참기름 1T, 통깨 약간, 소금 약간

● 요리하기 ●

❶ 쑥갓은 손질해서 씻어 물기를 뺀다.

❷ 끓는 물에 소금을 넣고 손질한 쑥갓을 데쳐서 찬 물에 헹군 후 물기를 꼭 짜고 먹기 좋은 크기로 썬다.

• 쑥갓은 줄기부터 넣는다.

❸ 홍고추는 길이대로 반을 갈라 씨를 빼고 채 썬다.

❹ 데친 쑥갓을 집간장으로 무치다 참기름과 홍고추, 통깨를 넣고 살살 무쳐둔다.

• 간이 싱거울 때는 소금으로 간을 더한다.

TIP

데칠 때 덜 삶아지면 찬물에 헹구어 놓았을 때 검게 변하니 주의한다.

채소
요리

쑥 애탕국 / 100kcal

우리에게 친숙한 봄채소인 쑥은 예부터 약효가 뛰어난 것으로 알려져 다양한 질병치료에 쓰였다. 쑥은
비타민 A와 B1, B2, C 등과 철분, 칼슘, 칼륨, 인 등의 미네랄이 풍부한 알칼리성 식품이다. 쑥은 특히
냉·대하, 생리통 등의 부인병에 탁월한 효과가 있으며, 혈액 순환을 좋게 하고 자궁을 따뜻하게 하기 때
문에 산후 조리에도 좋다.

● 준비하기 ● 2-3인 분량 / 40분

재료 쑥 200g, 건표고버섯 3개, 두부 1/2모, 홍고추 1개, 콩가루 약간, 녹말가루 약간

양념 된장 1T, 채수 2와 1/2C, 소금 약간, 후추 약간

● 요리하기 ●

❶ 쑥은 다듬어서 끓는 물에 소금을 넣고 데쳐서 물기를 꼭 짠 다음 잘게 다져 놓는다.

❷ 건표고버섯은 불려서 잘게 다진 후 소금과 후추로 밑간을 해서 물기를 꼭 짠다.

❸ 홍고추도 곱게 다진다.

❹ 두부도 으깨서 물기를 꼭 짜 놓는다.

❺ 손질한 표고버섯과 두부, 홍고추를 섞고 치대어 쑥도 함께 버무린다.

❻ ⑤를 버무리다가 질면 녹말가루를 넣고 완자를 만든다.

❼ 만들어진 완자를 콩가루에 굴린다.

❽ 채수를 끓여 된장 1T를 풀고 한소끔 끓인다.

❾ ⑧에 완자를 넣고 소금으로 간한다.

표고버섯이나 두부 대신 기름기가 없는 소고기를 이용해도 좋다.

채소
요리

쑥 연근전 / 400kcal

연근의 주성분은 녹말로 생으로 먹거나 즙을 내서 먹기도 하며, 요리나 약재로 다양하게 활용된다. 망간과 아연 등의 무기질과 리놀레산, 식이섬유 등이 풍부해 피부를 건강하게 하고 콜레스테롤을 저하시키는 데 도움을 준다. 특히 다른 뿌리식물에 비해 항산화 작용과 항암 작용을 하는 비타민 C가 풍부하고, 항암 성분으로 알려진 폴리페놀이 비교적 많으며, 맛이 달고 따뜻한 성질을 가지고 있다.

재료 쑥 200g, 연근 1/2개, 찹쌀가루 1/2C

양념 소금 약간, 식용유 약간

● 요리하기 ●

❶ 쑥은 다듬어 씻어 먹기 좋은 크기로 자른다.

❷ 연근은 껍질을 벗겨 강판에 간다.

❸ 갈아 놓은 연근에 찹쌀가루를 섞고, 쑥과 소금을 넣어 잘 섞는다.

❹ 달군 팬에 식용유를 조금 두른 후, ❸의 반죽을 먹기 좋은 크기로 떠서 노릇노릇하게 부친다.

홍고추를 동글동글하게 썰어서 전 위에 하나씩 올리면 더 예쁜 모양이 된다.

애호박 된장찌개 / 90kcal

애호박에는 비타민 A가 다량 함유되어 있는데, 이 성분은 시신경을 보호하고 시력을 향상시키는 아주 좋은 성분으로 알려져 있다. 애호박에는 또 식이섬유가 많아 장운동을 원활하게 하여 변비를 예방해주며, 칼로리가 낮은 다이어트 식품이기도 하다. 애호박은 항산화효과를 가지고 있어서 피부와 신체의 노화를 예방하는 효과가 탁월하다.

재료 애호박 1/4개, 두부 1/3개, 양파 1/3개, 청양고추 1개, 채수 3C, 국물용 멸치 한 줌, 된장 2T

● 요리하기 ●

❶ 애호박은 반달썰기, 두부와 양파는 얇게 네모지 게 썰고, 청양고추는 어슷하게 썰어 놓는다.

❷ 마른 팬에 멸치를 살짝 볶아낸다.

　• 멸치를 볶으면 특유의 비린내를 제거할 수 있다.

❸ 채수에 멸치를 넣고 중불에서 5~10분 정도 우린 후 멸치를 건져낸다.

❹ 단단한 재료(애호박, 양파)부터 넣고 끓이다가 두 부를 넣고 된장을 풀어 한소끔 끓인다.

❺ ④에 청양고추를 넣고 한 번 더 끓여 낸다.

TIP

된장은 한 번에 다 넣지 말고 1/3 정도 남겼다가 농도와 간을 보고 이용하며, 거품은 걷어낸다.

채소
요리

애호박 새우젓국 / 80kcal

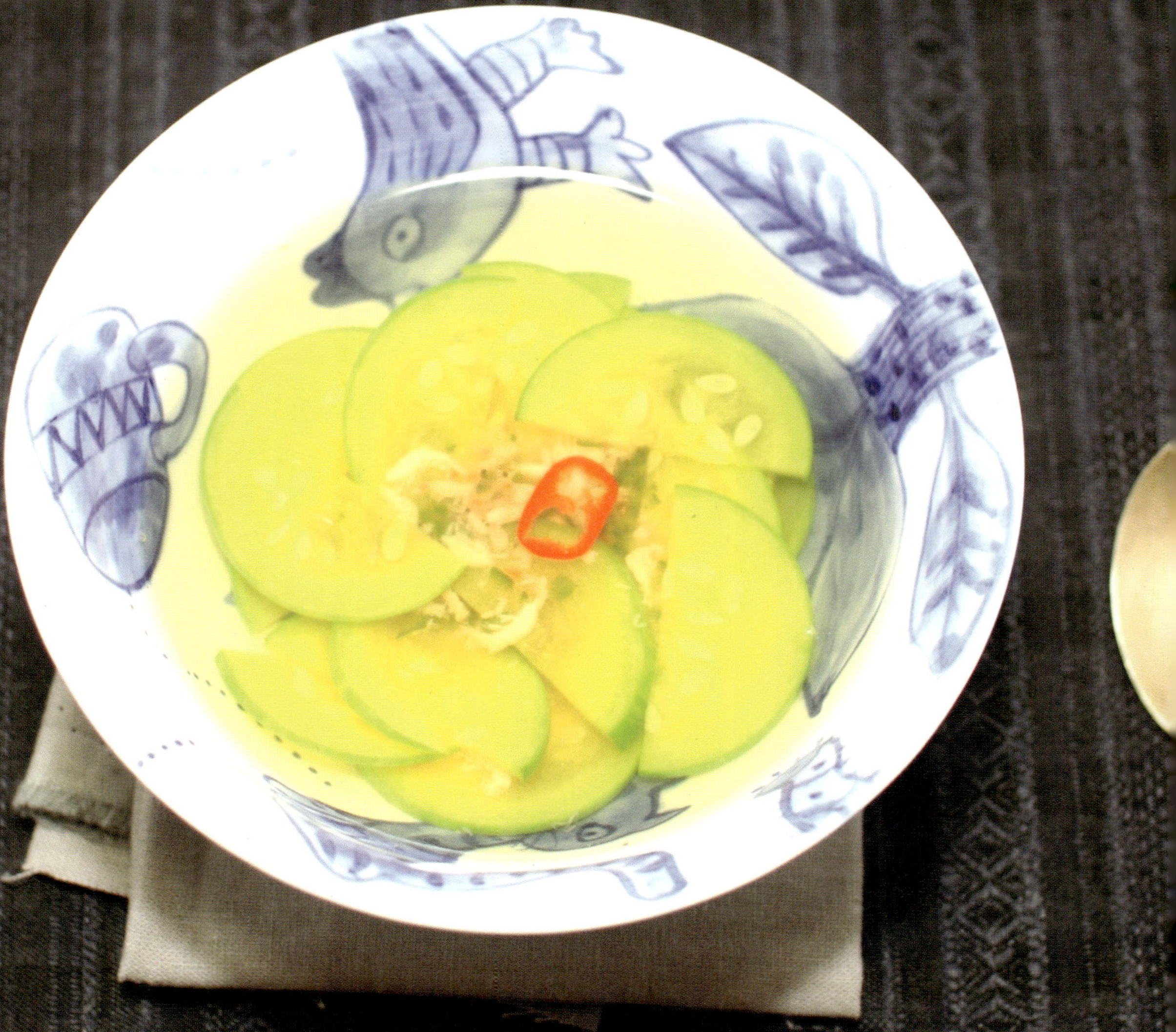

애호박은 김치찌개, 된장찌개, 청국장 등의 요리에 빠지지 않는 재료이다. 애호박의 팩틴 성분은 이뇨 작용을 촉진하여 체내 독소와 노폐물을 배출시켜 다이어트를 도우며, 탈모예방에도 좋다. 또 애호박의 엽산 성분은 빈혈과 심혈관 질환을 예방하므로 산모들에게 도움이 된다.

재료 애호박 1개, 청양고추 1/2개, 홍고추 1/4개, 새우젓 1T, 채수 3C, 생강즙 1/2t, 소금 약간

● 요리하기 ●

❶ 애호박은 잘 씻어 길게 반으로 갈라 반달썰기를 한다.

❷ 청양고추는 씨를 빼고 곱게 다진다.

❸ 홍고추는 어슷하게 썬다.

❹ 채수에 생강즙을 넣고 끓이다가 썰어둔 애호박을 넣고 끓인다.

❺ 새우젓으로 간을 하고 소금으로 간 조절을 한다.

❻ 그릇에 담아 홍고추를 2개 정도 띄운다.

❼ ②의 청양고추는 곁들여 낸다.

애호박은 소화시간이 다소 긴 채소이므로 위염이나 위궤양 등 위장 장애를 가진 사람은 많이 섭취하지 않도록 한다.

양배추 강황 들깨탕 / 380kcal

양배추는 예부터 위장에 좋은 식품으로 알려져 있다. 양배추의 유황과 염소 성분은 위장점막을 강화시켜 위궤양치료에 좋은 효과를 내며, 혈액을 맑게 하여 여드름이나 주근깨 등의 피부병치료에도 도움을 준다. 강황은 담즙의 분비를 촉진하여 콜레스테롤을 감소시키고 소화를 촉진하며 위장을 튼튼히 한다. 강황의 커큐민 성분은 몸 안의 효소를 도와 숙취해소에 도움을 주는 것으로 알려져 있다.

재료 양배추 1/4쪽(400g), 당근 1/3개(50g), 양파 100g, 브로콜리 100g

양념 단호박가루 3T, 들깨가루 5T, 강황 3g, 소금 1t, 채수 7컵

● 요리하기 ●

❶ 양배추는 잘 씻어서 큼직하게 썬다.

❷ 당근은 잘 씻어서 굵은 채로 썬다.

❸ 양파도 껍질을 벗겨 잘 씻어서 굵게 채로 썬다.

❹ 브로콜리는 잘 씻어서 끓는 물에 데친 후, 식혀 놓는다.

❺ 냄비에 ①, ②, ③과 채수를 넣고 센불 → 중불로 양배추가 투명해지도록 끓인다.

❻ ⑤에 소금, 단호박가루, 들깨가루, 강황가루를 넣고 한소끔 끓이다 브로콜리를 넣고 다시 한 번 끓인다.

❶ 처음부터 브로콜리를 넣으면 색이 너무 누렇게 변하니 주의한다.

❷ 강황이 많이 들어가면 쓴맛이 난다.

❸ 단호박가루가 없으면 생단호박의 속을 파내고 껍질을 벗겨 채 썰어서 사용한다.

양파 미역 냉국 / 90kcal

양파의 독특한 향과 자극적인 냄새는 육류나 생선요리의 비린내를 없애주기 때문에 조미료로 매우 중요한 채소이다. 양파는 비타민의 흡수를 도와주는 역할도 하기 때문에 과일과도 궁합이 잘 맞는데, 생것이나 말린 것, 조리한 것 모두 효능의 차이가 크지 않다.

● 준비하기 ● 3-4인 분량 / 30분

재료 양파 1/2개, 마른 미역 30g, 방울토마토 2개

양념 채수 1과 1/2C, 집간장 약간, 소금 약간, 매실청 1T, 식초 1T, 레몬즙 1t, 통깨 약간

● 요리하기 ●

❶ 양파는 곱게 채 썰어 찬물에 담가 매운맛을 제거한 뒤 건져 놓는다.

❷ 미역은 불려서 끓는 물에 1분간 데친 뒤 찬물에 헹궈 2cm 길이로 썬다.

❸ 채수에 양념을 섞어 놓는다.

❹ 볼에 양파와 데친 미역을 넣고 양념이 섞인 채수를 넣는다.

❺ 방울토마토를 반으로 갈라서 올려놓는다.

TIP

말린 미역은 다른 재료에 비하여 오랜 기간 보관이 가능한데, 통풍이 되는 봉지에 넣어 습기가 없는 곳에서 보관하면 좋다.

엄마표 야채국 / 400kcal

송이버섯에는 비타민 B1과 B2가 특히 많이 들어 있고, 말린 송이에는 비타민 D가 많아서 면역력강화와 호르몬 유지에 좋다. 느타리버섯에는 비티민 B2와 D가 들어 있어 소화를 돕고 피부염을 예방하는데 탁월하다. 표고버섯은 구이닐산 성분이 들어 있어 감칠맛을 내며, 콜레스테롤 수치를 낮춰 고혈압이나 심장 질환을 예방한다.

재료 소고기 설도 120g, 당면 50g, 배춧잎 5~6장, 당근 1/3개, 새송이버섯 2개, 무 50g, 느타리버섯 50g, 표고버섯 5~6장(30g), 양파 1/4개(50g), 대파 1뿌리, 채수 5C

양념 생강 1/2쪽, 마늘 3쪽, 진간장 1T, 참기름 1/2T, 후추 약간, 소금 약간

● 요리하기 ●

❶ 당면을 물에 불려 놓는다.

❷ 소고기는 샤브샤브용이나 불고기용처럼 얇게 썬 것을 사용하고, 다진 생강, 마늘, 진간장, 후추로 밑간을 한 후 마지막에 참기름을 넣고 버무린다.

❸ 배춧잎은 잎부분은 떼어 내고 줄기는 먹기 좋은 크기로 썰어 놓는다.

❹ 양파를 채 썰고 당근과 무도 납작한 네모 모양으로 썰어 놓는다.

❺ 새송이버섯, 느타리버섯, 불린 표고버섯을 먹기 좋은 크기로 썰어 놓는다.

❻ 대파는 어슷하게 썰어 놓는다.

❼ 냄비에 색깔을 맞춰서 버섯과 채소를 돌려 담고 가운데 소고기 무친 것을 놓는다.

❽ 채수 국물을 5C 정도 넣고 끓이다가 불린 당면을 넣고 소금으로 간을 한다.

❾ 먹으면서 국물이 부족해지면 채수 국물을 더 넣는다.

❶ 청경채나 쌈배추 등의 채소를 넣어도 좋다.

❷ 버섯 종류만 이용해도 좋다.

❸ 칼칼한 국물이 필요하면 청양고추를 어슷하게 썰어 넣는다.

채소
요리

연근 조림 / 160kcal

연근은 마음을 안정시키고 진정작용을 하여 스트레스와 우울증에 도움이 된다. 또 섬유질이 풍부해 소화 기능을 좋게 한다. 때문에 자주 긴장을 하고 스트레스를 받아 과민성대장 증상을 보이는 사람이나 신경을 많이 쓰는 수험생, 어혈이 생겨 가슴이 답답하고 관절이 아픈 산후 증상 완화에 도움을 준다.

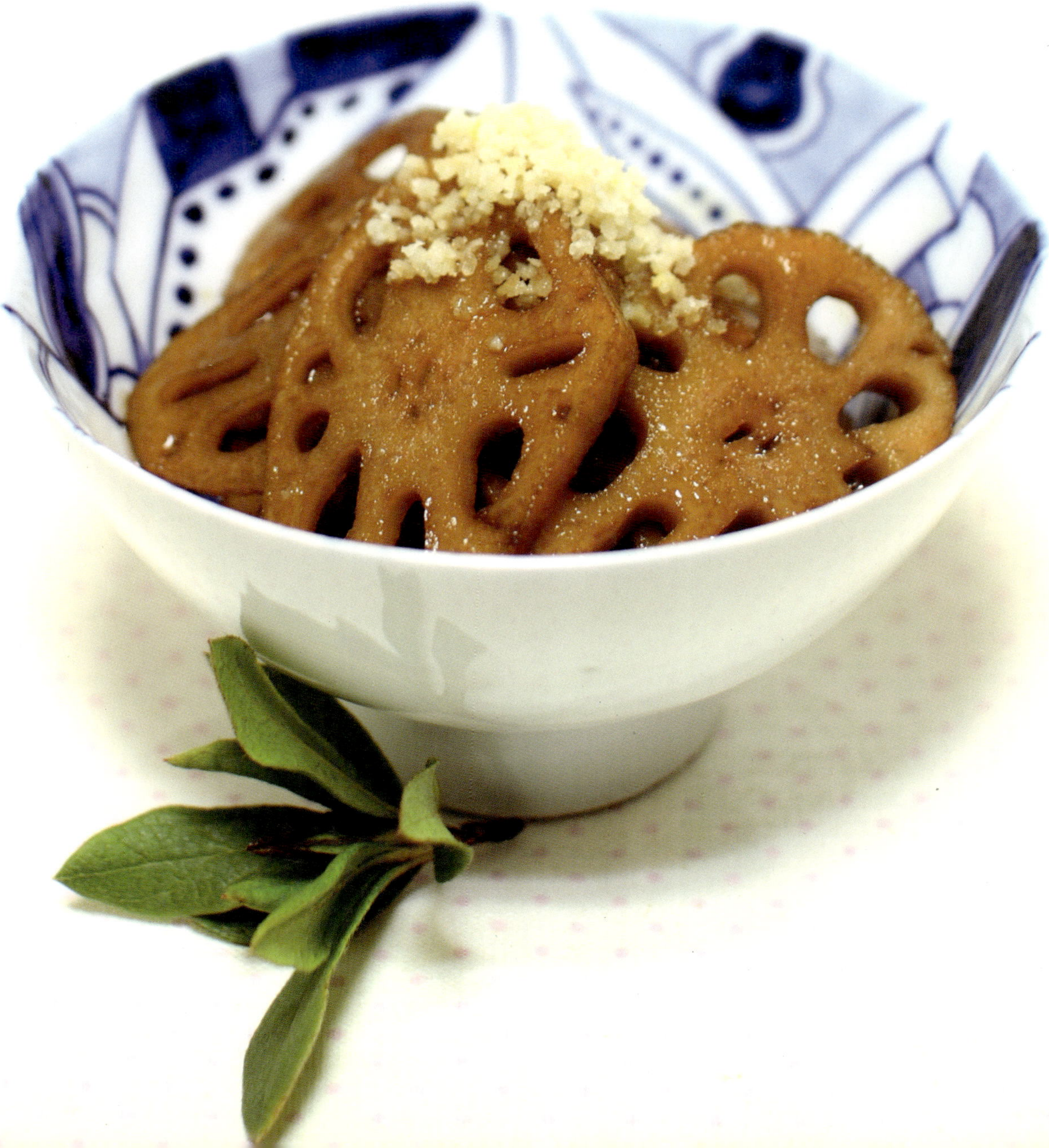

재료　연근 1뿌리

양념　맛간장 1과 1/2C, 생강즙 1/2t, 조청 2T, 식용유 2T, 통깨
　　　약간, 참기름 약간

● 요리하기 ●

❶ 연근의 껍질을 깨끗이 닦고 필러로 껍질을 깎아
　 0.3~0.5cm 두께로 썬다.
❷ 손질한 연근을 뜨거운 식초 물에 살짝 데친다.
❸ 식용유 2T, 맛간장 1과 1/2C, 생강즙 1/2t, 조청
　 1T를 넣고 보글보글 끓인다.
❹ ③에 연근을 넣고 중불 → 약불로 조려서 나머지
　 조청을 넣고 잘 섞는다.
❺ 참기름과 통깨를 뿌려 마무리한다.

껍질을 벗기지 않고 흙이 묻어 있는 연근은 그대로 신문지에 싸
서 냉장실에 보관하며, 껍질을 벗겨 손질한 연근은 밀폐용기에
넣어 냉장실에 보관하는 것이 좋다.

오이고추 잡채 / 250kcal

오이고추는 아삭아삭 식감이 좋고 그리 맵지 않아 자주 이용되는 채소이다. 오이고추에 들어 있는 캡사이신은 혈액의 순환을 도와주어 고혈압 증상이 있는 사람이나 몸이 차가운 사람들에게 효과적이다. 또한 냉한 기운을 따뜻하게 만드는데 좋으며, 후식이나 반찬으로 밥과 같이 섭취하면 위점막을 자극해 소화를 돕는다.

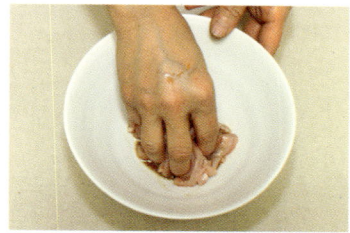

재료 오이고추 5개, 당근 1/4개(30g), 돼지고기(등심) 100g, 소금 약간, 양파 1/4개

고기 양념 진간장 1t, 참기름 1t, 생강즙 1/2t, 조청 1t

● 요리하기 ●

❶ 돼지고기 등심은 가늘고 길게 채 썰어 키친타월로 핏물을 뺀다.

❷ 오이고추는 길게 반을 갈라 씨를 빼고 곱게 채를 썬다. 당근도 채 썰어 준다.

❸ 고기에 진간장 1t, 참기름 1t, 생강즙 1/2t, 조청 1t을 넣고 간이 잘 배도록 무쳐 놓는다.

❹ 팬을 달군 후 당근, 양파, 오이고추를 볶는다.

❺ 고기도 따로 볶아 준다.

❻ ④와 ⑤를 섞어서 그릇에 담는다.

❶ 오이고추대신 부추를 사용해도 좋다.

❷ 고기대신 표고버섯을 채 썰어 사용해도 좋다.

❸ 뜨거운 팬에 야채를 볶은 후에 다른 그릇에 옮겨 담아야 색과 식감이 모두 좋아진다.

오이 오징어채 무침 / 320kcal

오이에는 콜라겐 성분이 다량 함유되어 있어 피부의 노화방지에 좋다. 오이의 비타민 C는 미백효과와 보습효과가 있어 피부를 윤택하게 할 뿐 아니라 열을 진정시키는 효과가 있어 여드름 예방에 좋다. 오이에 함유되어 있는 칼륨 성분은 몸 안의 나트륨을 배출시키는 작용을 하는데, 이때 노폐물과 중금속이 함께 배출되어 피를 맑게 한다.

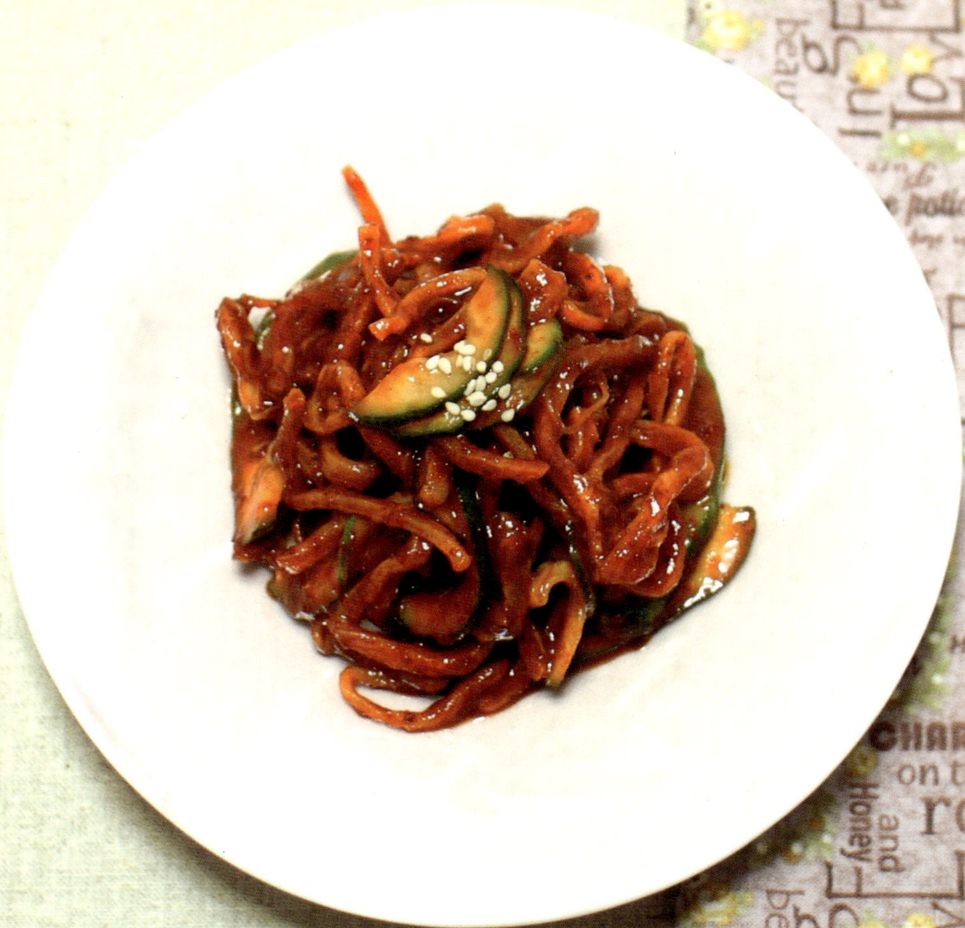

재료 오이 2개, 오징어채 100g

양념 고춧가루 2T, 고추장 1T, 물엿 2T, 매실청 1T, 채수 2T, 생강즙 1t, 레몬즙 1t, 식용유 2T, 통깨 약간, 참기름 약간, 소금 약간

● 요리하기 ●

❶ 오이는 굵은 소금으로 껍질을 닦아 길게 반으로 갈라 씨를 발라낸다.

❷ 손질한 오이를 얇게 어슷썰기하여 소금으로 절였다가 물기를 꼭 짠다.

❸ 오징어채는 먹기 좋은 길이로 잘라 물로 샤워하듯 씻어 물기를 털어내고 키친타월로 닦아낸다.

❹ 식용유, 고춧가루, 고추장, 물엿, 매실청, 생강즙, 채수를 섞어서 보글보글 끓을 때 레몬즙과 오징어채를 넣고 양념과 잘 섞은 후 불을 끈다.

❺ 불을 끄고 오이를 넣어 잘 버무린 후, 참기름과 통깨를 넣어 마무리한다.

오이에는 비타민 C를 파괴하는 '아스코르비나제'라는 효소가 들어 있다. 때문에 다른 채소와 함께 먹으면 오이가 다른 채소의 비타민 C를 파괴시키므로 함께 이용하지 않거나 식초를 넣어서 이용하는 것이 좋다.

채소
요리

우엉 조림 / 200kcal

우엉에는 다량의 철분이 들어 있어 빈혈 개선에 많은 도움을 준다. 또한 조혈 작용이 있어 피 생성에 좋
은 역할을 한다. 우엉에는 또 사포닌 성분이 다량 들어 있는데, 이 성분은 콜레스테롤을 분해하여 체외로
배출하는 효능을 갖고 있다. 우엉에는 식이섬유도 함유되어 있는데, 장 운동을 활발하게 하여 장 건강에
도움을 주며 변비해소에도 좋다.

재료 우엉 1대

양념 식용유 1T, 맛간장 1/2C, 조청 2T, 참기름 약간, 통깨 약간

● 요리하기 ●

❶ 우엉을 잘 닦은 후에 칼등으로 껍질을 긁어내고 물에 헹궈서 연필 깎듯이 돌려가면서 깎아 낸다.

❷ 손질한 우엉을 물에 담갔다가 물기를 제거한다.

❸ 팬에 식용유를 조금 넣고 우엉이 노릇노릇하게 볶는다.

❹ 맛간장, 조청 1T를 넣고 중불에서 골고루 조려 낸다.

❺ 불을 끄고 나머지 조청 1T를 넣고 참기름과 통깨를 넣어 섞어 준다.

TIP

우엉을 돌려깎기 할 때는 그릇에 물을 담아 깎아 놓은 우엉을 넣으면 갈변을 막을 수 있다.

채소
요리

원추리 김 무침 / 95kcal

원추리는 맛이 달고 시원하여 초무침으로 많이 이용한다. 원추리 나물을 미음으로 끓이면 소화도 잘되고 피로를 빨리 풀어주는 효과가 있다. 원추리의 가장 큰 효능은 열과 염증을 억제하는 것이며, 이뇨작용도 하여 부종을 내리고 콜레스테롤을 제거한다. 따라서 피를 맑게 하고 혈액순환을 좋게 한다.

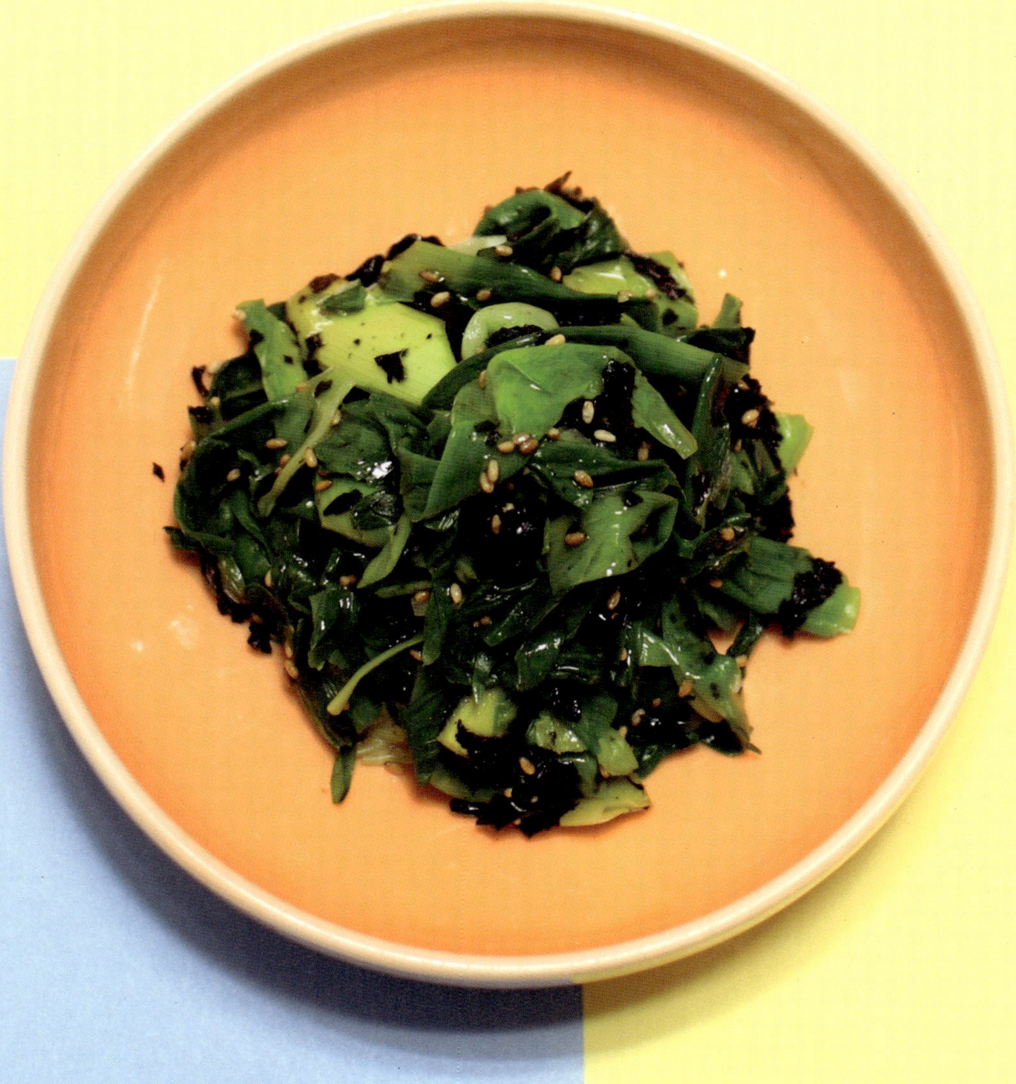

재료   원추리 200g, 김 2~3장

양념   참기름 1T, 통깨 1T, 소금 약간, 집간장 1/2t

● 요리하기

❶ 원추리는 잘 씻어 놓는다.

❷ 끓는 물에 소금을 약간 넣고 원추리를 데쳐서 찬물에 헹구어 물기를 꼭 짜 놓는다.

❸ 김을 앞뒤로 잘 구워서 비닐봉투에 넣고 잘게 부순다.

❹ 원추리와 김을 잘 섞고 집간장, 참기름, 통깨를 넣고 무친다.

TIP

❶ 간은 소금으로 맞추며, 원추리 대신 특유의 향이 적고 색이 연한 잎채소를 이용해도 좋다.

❷ 원추리를 데친 후 2시간 이상 찬물에 담갔다가 무친다.

❸ 많이 섭취하면 설사를 할 수 있으니 주의한다.

채소
요리

콩까스 / 200kcal

채식으로 전향하는 사람들이 많아지면서 고기 대용으로 많이 이용되는 것이 콩인데, 콩 속의 식이섬유는 위와 장에서 포도당의 흡수 속도를 낮추어 당뇨병을 억제하며, 비타민 E가 풍부하여 피부의 기미를 방지하고 혈액순환을 원활히 하는 효과가 있다.

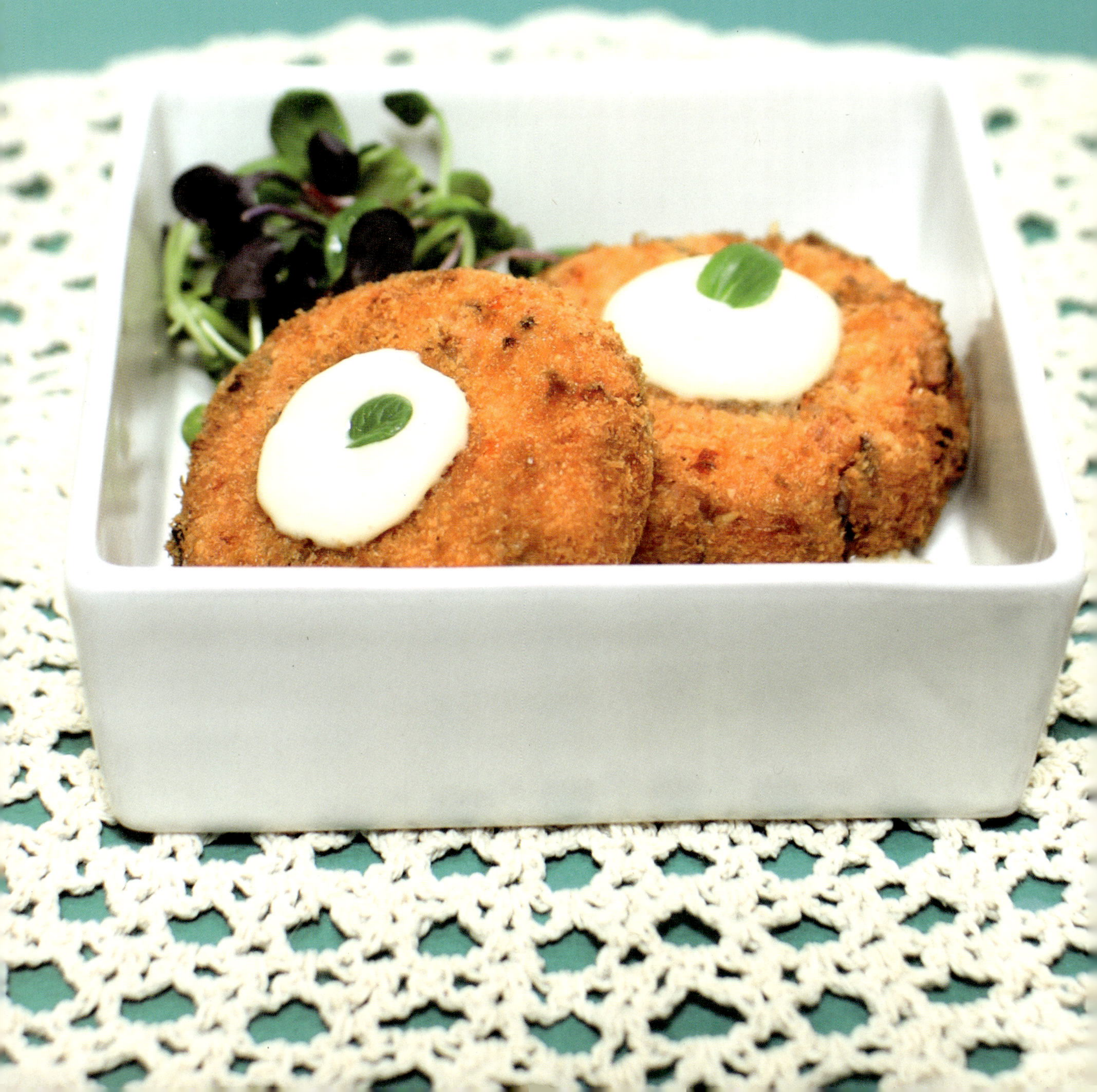

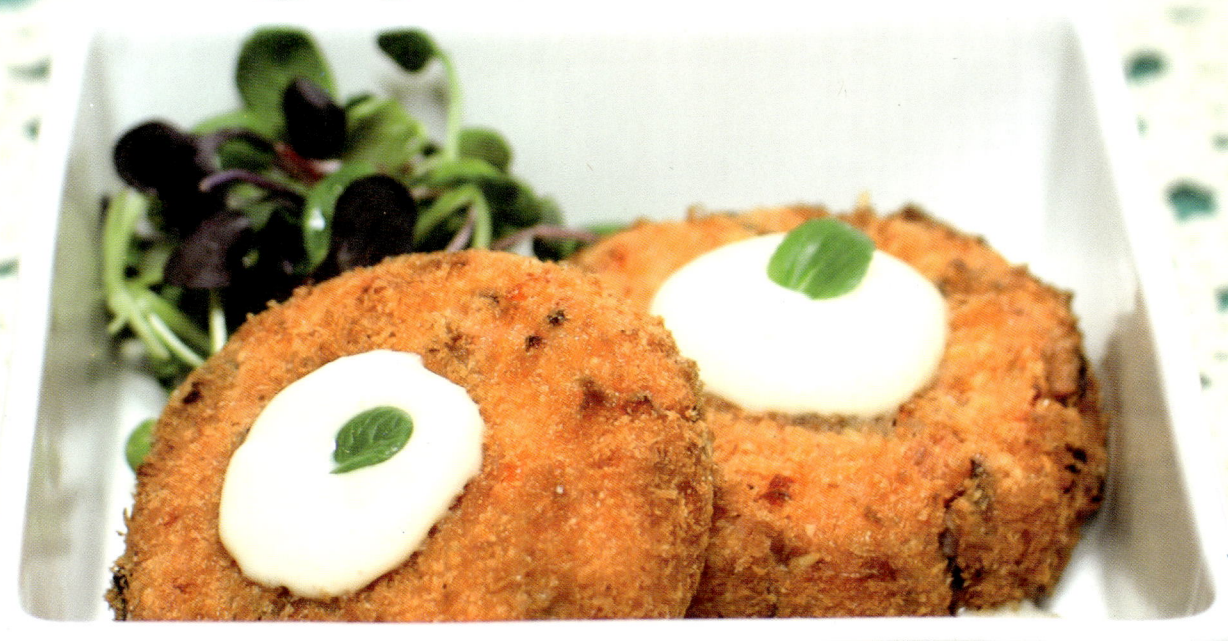

● 준비하기 ● 2-3인 분량 / 40-50분

재료 대두 1C, 표고버섯 10장, 당근 1/2개, 찹쌀가루 1/4C, 비트 50g, 식용유 적당량, 빵가루 1/2C, 소금 약간

소스 두유 1/2C, 소금 1g, 꿀 1T, 현미유 1C, 레몬즙 2~3T, 식초 1/2C

● 요리하기 ●

❶ 콩을 충분히 불려서 잘 씻은 후 물기를 뺀다.

❷ 끓는 물에 소금을 한 줌 넣고 5~10분 데치듯이 삶는다.

　• 고소하고 아삭한 식감이 있으면 잘 삶아진 것이다.

❸ 삶은 콩을 소쿠리에 밭쳐 국물을 따로 모아둔다.

❹ 콩을 믹서에 간다.

　• 이때 모아둔 국물을 같이 넣고 간다.

❺ 믹서에 간 콩은 면보에 꼭 짜서 건더기만 모아 둔다.

❻ 표고버섯은 불려서 곱게 다진 후 물기를 제거한다.

❼ 당근도 곱게 다져서 마른 팬에 볶아 둔다.

❽ 비트는 강판에 갈아 둔다.

❾ ⑤~⑦에 소금을 넣고 잘 섞어서 치댄다.

　• 잘 뭉치지 않으면 찹쌀가루를 조금씩 넣어가며 뭉치고, 갈아 둔 비트를 조금씩 넣어 색을 조절한다.

❿ ⑨를 100g 정도씩 둥글납작하게 만들어 빵가루를 묻힌다.

⓫ 팬에 식용유를 넉넉히 붓고 튀기듯 지져낸다.

⓬ 두유, 소금, 꿀을 같이 믹서로 갈고 식초와 레몬즙을 넣는다. 현미유는 여러 번 나누어 넣고 소스가 걸쭉해질 때까지 간다.

콩나물 해장국 / 280kcal(100g)

콩나물에는 단백질과 비타민, 미네랄 등 콩에 들어 있는 성분과 발아·생장하는 과정에 발생한 영양 성분이 합하여 있는데, 지방은 감소하고 수분과 식이섬유, 비타민은 증가한다. 특히 비타민 A가 증가하고 콩에는 들어 있지 않은 비타민 C가 생성된다. 콩나물의 알긴산 성분은 염증 유발을 억제해주고 면역력을 증가시키며, 진액이 풍부해 감기로 인한 발열증상을 내리는 작용을 한다.

재료 양지머리 100g, 콩나물 1/2봉지, 묵은 김치 5~6줄기, 실파 2~3줄, 홍고추 1/2개

양념 새우젓 1T, 집간장 1~2T, 채수 5C, 김(부순 것) 약간

● 요리하기 ●

❶ 핏물을 뺀 양지머리를 채수에 넣고 푹 삶아서 고기를 결대로 찢어 놓는다.

❷ 콩나물은 잘 씻어서 건져 놓는다.

❸ 묵은지는 속을 털어내고 물에 헹궈서 물기를 짜고 송송 썰어 놓는다.

❹ 실파도 송송 썰어 놓고 홍고추는 어슷하게 썬다.

❺ 냄비에 양지머리와 국물을 넣고 묵은지를 위에 올리고 콩나물을 맨 위에 올린다.

❻ 끓으면 집간장으로 심심하게 간을 한다.

❼ 그릇에 담고 실파 썬 것을 올리고 부셔 놓은 김 조금과 홍고추를 올려 낸다.

❽ 새우젓은 따로 내서 간 조절을 한다.

양지머리가 없으면 모시조개를 채수에 이용해도 좋다.

표고버섯 잣소스 무침 / 350kcal

표고버섯에는 글루타민산, 알리신, 로이신 등 아미노산 성분이 들어 있어 조미료와 유사한 감칠맛을 낸다. 인체의 각종 염증을 제거하는데 탁월한 효과가 있으며, 베타글루칸 성분은 위장관을 깨끗하게 하고, 염증을 치료하는데 많은 도움을 준다. 또 표고버섯의 풍부한 식이섬유는 체중 감량과 변비에 효능이 있으며, 항산화 성분은 피부미용과 노화예방에도 도움을 준다.

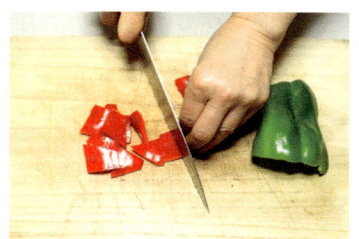

재료 생표고버섯 5~6개, 오이 1/2개, 청·홍피망 각 1/2개, 밤 2~3개, 대추 2알

소스 잣 1/2C(약 50g), 참기름 2T, 후추 약간, 소금 약간, 채수 적당량

● 요리하기 ●

❶ 생표고버섯은 기둥을 떼어 내고 끓는 물에 소금을 넣고 충분히 데친다.

❷ 데친 표고버섯의 물기를 꼭 짜서 얇고 어슷하게 썬다.

❸ 오이는 표고버섯 크기로 얇게 썬다.

❹ 청·홍피망도 씨를 빼고 오이보다 조금 작게 썬다.

❺ 밤은 껍질을 까서 얇게 편으로 썬다.

❻ 대추는 씨를 빼고 채 썬다.

❼ 잣은 곱게 다진다.

❽ 곱게 다진 잣에 채수와 참기름을 조금씩 넣어가며 한쪽 방향으로 저어서 걸쭉한 소스를 만든다.

❾ ⑧을 소금과 후추로 간하여 섞어 놓는다.

❿ ①~⑥의 재료에 잣소스를 버무려 그릇에 담아낸다.

소스를 만들 때 참기름은 엉기게 하고 채수는 풀어지게 한다. 기호에 따라 소스에 꿀이나 설탕을 첨가해도 좋다.

채소 요리

해물 연근전 / 220kcal

연근을 얇게 자르면 끈끈하고 가는 실처럼 생긴 물질을 볼 수 있는데, 이는 '뮤신' 이라는 성분으로 소화를 촉진시키고 위벽을 보호하는 기능을 한다. 연근은 지혈과 해독작용을 하는 탄닌 성분도 다량 함유하고 있는데, 궤양이나 치질 등으로 생긴 출혈을 막는데 좋은 효과를 보인다.

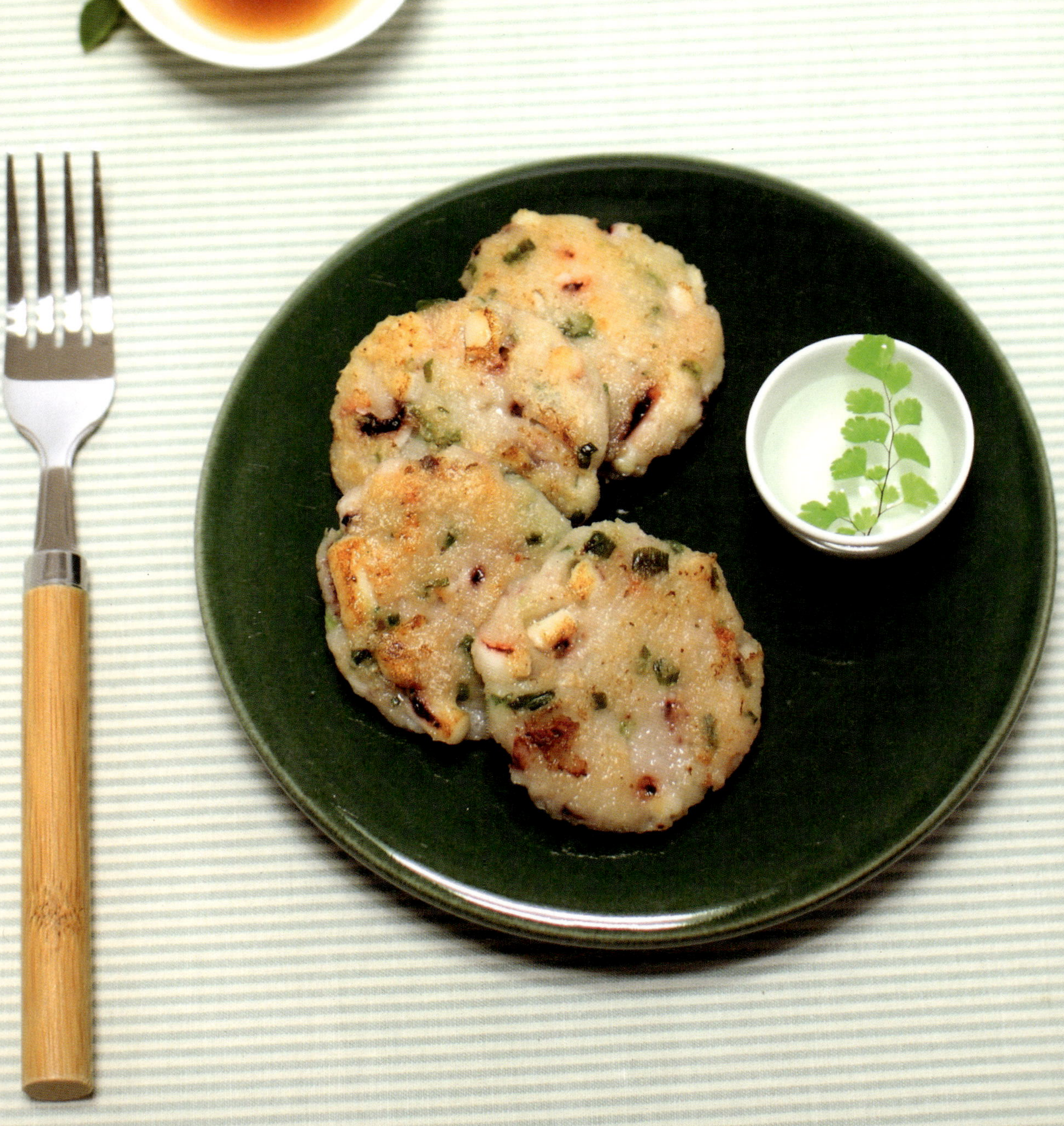

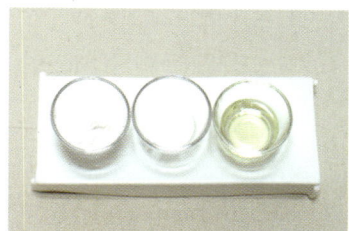

재료 연근 200g, 오징어 1/2마리, 새우 3마리, 소금 약간, 쪽파 2~3대, 식용유 약간, 쌀가루 2~3T

● 요리하기 ●

① 연근의 껍질을 벗겨서 강판에 간다.

② 오징어, 새우는 곱게 다진다.

③ 쪽파는 0.5cm 길이로 송송 썬다.

④ ①~③을 잘 섞으면서 너무 질면 쌀가루를 조금씩 섞어 농도를 조절한다.

⑤ 소금으로 간을 한다.

⑥ 팬을 달군 후 기름을 두르고 반죽을 한 입 크기로 만들어 중불에서 앞뒤를 노릇하게 굽는다.

TIP

연근전에 해물대신 파프리카, 흑임자를 넣으면 고소하고 색이 예쁜 전이 된다.

호박나물 볶음 / 50kcal

호박은 고단백 식품에 속한다. 따라서 저혈압 개선에 도움을 주며, 이뇨작용이 크기 때문에 몸 안의 노폐물과 독소, 나트륨을 배출시켜 심혈관 질환을 예방하고 근육의 경련을 막는데 효과적이다. 또한 부종을 완화시키며, 베타카로틴이 풍부하여 면역력을 높이는 효과가 있다.

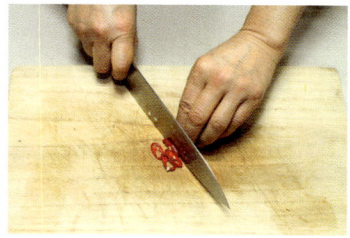

재료 애호박 1/2개, 청 · 홍고추 1/2개

양념 들기름 약간, 새우젓 1/2t, 통깨 약간, 소금 약간

● 요리하기 ●

❶ 애호박을 반달 모양으로 썰어 놓는다.

❷ 청 · 홍고추의 씨를 빼고 곱게 채 썰어 놓는다.

❸ 들기름을 두른 팬이 뜨거워지면 애호박을 넣고
 볶은 후, 채 썬 청 · 홍고추와 새우젓을 넣고 마저
 볶는다.

❹ 통깨를 넣고 마무리한다.

❺ 간이 부족하면 소금을 이용한다.

TIP

남은 호박은 단면을 랩으로 싸서 냉장 보관하거나 이용할 요리
에 맞게 잘라서 냉동 보관하는 것이 좋다.

채소
요리

호박선 / 50kcal

호박에 포함된 비타민 C는 콜라겐을 생성하고 피부와 혈관을 튼튼하게 하며 기미, 주근깨를 방지해서 피부 미용에도 효과가 있다. 호박의 비타민 E는 참깨보다도 많은데, 때문에 항산화작용 외에 모세 혈관을 확장시켜 냉증이나 어깨 결림을 개선하는 효과가 있다.

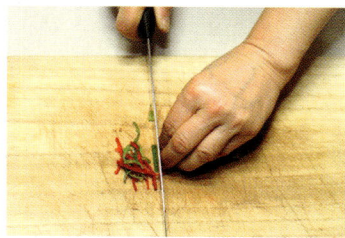

재료　애호박 1/2개

고명　당근 1/4개, 불린 표고버섯 2장, 청·홍고추 1/2개씩

양념　맛간장 1/4C, 물엿 1/2T, 고춧가루 1/2T, 통깨 1T, 참기름
　　　　1T

● 요리하기 ●

❶ 애호박은 길게 반으로 갈라서 등 쪽으로 0.5cm
　정도의 칼집을 넣는다.

❷ 김 오른 찜통에 4분 정도 쪄서 식힌다.

❸ 청·홍고추는 씨를 빼고 곱게 채 썬다.

❹ 당근과 표고버섯을 곱게 채 썰어 볶아 놓는다.

❺ 양념장을 만들어서 고명을 넣고 잘 섞어 준다.

❻ 쪄낸 호박을 두 송이씩 잘라 준비한 양념을 사이
　사이 속에 넣는다.

호박에 칼집을 넣을 때는 나무젓가락을 이용해서 칼이 7~8
부 들어갈 정도로 칼집을 넣는다.

Part 4
샐러드

가지구이 샐러드 / 80kcal

가지의 보라색 껍질에 들어 있는 안토시안 성분은 활성산소를 제거하는 항산화제 역할을 하여 노화를 방지한다. 또한 빈혈과 하열 증상을 개선하고 혈액 속의 콜레스테롤 양을 저하시키며 특히 고지방식품과 함께 먹을 때 혈중 콜레스테롤의 상승을 억제한다. 가지는 삶거나 볶아도 안토시안이 파괴되지 않는다.

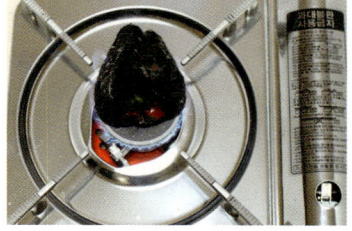

재료

가지 1개, 홍피망 1개, 양파 1/2개

드레싱

발사믹 식초 3T, 꿀 1T, 홀그레인머스터드 1T, 올리브 오일 약간, 소금 약간

● 요리하기 ●

❶ 가지는 깨끗이 씻어서 어슷하게 썬다.

❷ 양파는 굵게 채를 썰거나 원형 그대로 살려서 썬다.

❸ 석쇠를 뜨겁게 달궈 가지와 양파를 앞뒤로 구워 준다.

❹ 홍피망은 직화로 껍질을 까맣게 태운 뒤에 위생 봉투에 넣어 습기가 차도록 한다.

❺ ④가 식으면 키친타월로 껍질을 벗긴 후에 먹기 좋은 크기로 썬다.

❻ 그릇에 ③, ④를 담고 드레싱 재료를 섞어 손질한 채소에 뿌린다.

● 드레싱만들기 ●

감자와 고구마 샐러드 / 250kcal

감자의 탄수화물은 밥이나 고구마보다 낮고 소화는 서서히 이루어져 쌀밥처럼 혈당치의 급상승이 일어나지 않는다. 따라서 인슐린 생산이 감소하므로 당뇨병 환자에게 좋다.

고구마는 비장과 위를 튼튼하게 해주고 혈액순환을 원활하게 하는 효능이 있어 오장을 튼튼하게 해주며 설사나 만성 소화불량 치료에도 좋다.

● 준비하기 ● 3-4인 분량 / 30분

재료

고구마(작은 것) 1개(100g), 감자(작은 것) 1개(100g), 당근 1/2개 (50g), 브로콜리 100g, 소금 약간

드레싱

두유 1/2C, 식초 1T, 꿀 1T, 현미유 1C, 레몬즙 2T

● 요리하기 ●

❶ 고구마, 감자는 껍질을 벗겨서 큼직한 깍둑썰기를 한다.

❷ 당근도 고구마 크기로 썬다.

❸ 브로콜리도 비슷한 크기로 떼어 낸다.

❹ 김 오른 찜통에 브로콜리는 2~3분, 당근은 5분, 고구마와 감자는 5~10분 정도 익힌 다음 꺼내서 식힌다.

❺ 모두 담아서 소금을 조금 뿌리고 두유 드레싱을 버무려 그릇에 담는다.

● 드레싱만들기 ●

두유, 식초, 꿀을 믹서에 간 다음 현미유, 레몬즙을 넣고 다시 갈아준다. 이때 현미유를 조금씩 넣어가면서 믹서를 돌린다.

샐러드

고사리와 루꼴라 샐러드 / 110kcal

고사리는 칼슘을 많이 함유한 채소로 칼슘은 혈액이 산성화되는 것을 막고 살이 찌지 않으며 건강한 혈액을 유지하도록 도와준다. 석회질도 풍부해 치아와 뼈를 튼튼하게 하며 단백질, 당질, 철분 등과 같은 무기질도 풍부하다. 루콜라(rucola)는 독특한 향을 갖는 향신 채소의 일종으로, 맛이 고소하고 쌉싸래하며 톡 쏘는 매운 향이 있어 샐러드에 많이 쓰인다. 비타민 A와 유황이 풍부하고 해독작용을 한다.

재료

고사리 불린 것 200g, 루꼴라 100g, 집간장 약간, 채수 2T, 들기름 1T, 올리브오일 1T, 소금 1/2t, 생강즙 1/2t

● 요리하기 ●

❶ 물이 끓을 때 고사리를 삶아 찬물에 담갔다 물기를 제거한다.
  • 고사리가 보들보들할 때까지 삶는다.

❷ 팬에 들기름, 고사리, 소금, 집간장, 채수, 생강즙을 넣고 잘 버무려서 볶아 식힌다.
  • 물기가 없도록 볶는다.

❸ 루꼴라는 잘 씻어서 물기를 제거한 후에 올리브오일과 소금을 넣고 섞어 놓는다.

❹ 루꼴라에 간이 배이면 고사리 볶은 것과 잘 섞어 낸다.

❶ 고사리에는 비타민 B1을 파괴하는 성분이 있으므로 땅콩, 돼지고기와는 함께 이용하지 않도록 한다.
❷ 리코타치즈를 만들어 섞어 이용하면 단백질 보충에 도움이 된다.

단감 샐러드 / 295kcal

감의 주성분은 당질로 포도당과 과당의 함유량이 특히 많다. 감의 떫은 맛은 '디오스프린' 이라는 타닌 성분으로 인해서 나는데, 단감의 경우 타닌세포의 변형으로 떫은 맛이 없어지고 비타민 A, B, C가 풍부하게 되었다고 알려져 있다. 설사를 멈추게 하는 효능이 있으며 수분함량이 높아 갈증과 숙취 해소에도 도움이 된다.

재료

단감 1개, 사과(중간 크기) 1개, 단단한 키위 2개, 옥수수 알 3T, 건포도 1T

드레싱

플레인 요구르트 1개, 레몬즙 1T, 꿀 1t, 소금 약간

● 요리하기 ●

❶ 단감과 사과는 씨를 빼고 껍질을 벗겨 깍둑썰기 한다.

❷ 키위도 껍질을 벗겨 같은 크기로 썬다.

❸ 옥수수 알이 생것이면 끓는 물에 넣어 익혀서 찬물에 헹궈 물기를 뺀다.

• 캔에 들어 있는 옥수수는 물에 헹궈서 끓는 물에 넣었다가 빼서 찬물에 헹군 다음 물기를 제거한다.

❹ 건포도를 제외하고 재료에 드레싱을 잘 버무려 그릇에 담고 건포도를 얹는다.

● 드레싱만들기 ●

샐러드

단호박 샐러드 / 240kcal

단호박에는 비타민 A가 풍부하게 함유되어 있어 점막을 강화시키고 감기를 예방한다. 야맹증과 빈혈을 예방해주고 몸 안의 세균과 독소를 배출하여 건강한 생활을 유지하게 한다. 특히 다량의 필수아미노산이 있어 두뇌발달에 도움을 주며, 포만감에 비해 칼로리가 낮기 때문에 다이어트 식품으로 인기가 많다.

재료

단호박 1개(300g), 오이 피클 1/2개(50g), 양파 1/2개, 청피망 1/2개(100g), 소금 약간, 건포도 2T

● 요리하기 ●

❶ 단호박을 깨끗이 씻어 속을 파내고 껍질을 벗긴 후, 쪄서 으깨어 놓는다.

❷ 오이 피클은 국물을 꼭 짜서 다져 놓는다.

❸ 양파도 곱게 다져서 식초 물에 담갔다 꼭 짜서 놓는다.

❹ 청피망도 곱게 다져 놓는다.

❺ 준비한 재료에 건포도, 소금을 약간 넣고 잘 버무린다.

단호박의 껍질은 벗기기가 어려우므로 살짝 쪄서 벗긴 후 다시 찐다. 단호박은 껍질에 영양이 많으므로 껍질째 이용해도 좋다.

버섯 샐러드 / 220kcal

새송이버섯은 장을 건강하게 하여 소화를 돕고 변비를 예방하며 숙변을 배출시킨다. 따라서 꾸준히 섭취
하면 몸 안의 독소를 제거하여 간 기능을 강화시킨다. 다른 버섯에 비해 비타민 C가 풍부하여서 노화를
방지하며, 무기질의 함량이 높아 혈액순환을 돕고 피부를 건강하게 한다. 또한 고혈압과 고지혈증 등의
성인병을 예방하는 효과가 크다.

재료

새송이버섯 2개, 느타리버섯 50g, 어린잎채소 100g, 청·홍피망 각 1/4개

드레싱

키위 2개, 레몬즙 1/3T, 꿀 5T, 겨자 약간, 양파 1/4개

● 요리하기 ●

❶ 어린잎은 잘 씻어서 물기를 제거한다.

❷ 새송이버섯은 채 썰고 느타리는 먹기 좋은 크기로 뜯은 후, 김 오른 찜통에 쪄서 물기를 완전 제거한다.

• 버섯을 쪄서 소금, 식초로 밑간을 해도 좋다.

❸ 청·홍피망은 씨를 빼고 채 썬다.

❹ ①, ②, ③을 잘 섞어서 드레싱을 뿌려 준다.

● 드레싱만들기 ●

곱게 다진 양파를 물에 넣어 매운맛을 제거한 후에 물기를 뺀다. 여기에 키위, 레몬즙, 꿀을 넣고 믹서로 간 후 겨자를 섞는다.

보리순과 리코타치즈 샐러드 / 350kcal

보리순은 다량의 식물섬유를 함유하고 있어 콜레스테롤을 저하시키고 변비를 해소한다. 또한 칼슘이 들어 있어 적혈구를 생성하고 빈혈을 방지하는 효능이 있으며, 대사활동에 필요한 대부분의 비타민과 미네랄이 있어 적당량의 보리순을 꾸준히 섭취하면 잔병을 예방할 수 있다고 한다.

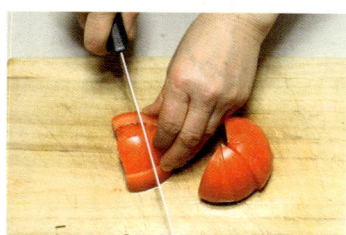

재료

보리순 100g, 리코타치즈 30g, 토마토(중간 크기) 1개(100g), 올리브 10알 정도

드레싱

양파 1/4개, 화이트 발사믹 식초 2T, 올리브 오일 1T, 꿀 1T, 소금 약간

● 요리하기 ●

❶ 보리순은 씻어서 물기를 뺀 후, 먹기 좋은 크기로 썬다.

❷ 토마토는 8등분해서 반으로 가른다.

❸ 올리브는 통으로 0.2cm 정도로 썰어 놓는다.

❹ 리코타치즈를 떼어서 올린다.

❺ 드레싱을 뿌려 낸다.

리코타치즈 만들기

❶ 우유 1L에 생크림 300ml를 넣고 중불에서 약하게 끓인다.

❷ 식초 3T와 레몬즙 1T를 넣고 약불로 끓인다.

❸ 우유가 뭉글뭉글해지면 체 위에 면보를 펴고 거른다. 이때 물기를 너무 꼭 짜면 푸슬푸슬해지니 여유 있게 짠다.

❹ 그릇에 건더기를 꼭꼭 눌러 담고 냉장 보관한다. 보관 기간이 길어지면 냉동 보관한다.

● 드레싱만들기 ●

샐러드

비트 샐러드 / 380kcal

특유의 식감과 단맛이 있어 식욕을 돋우는 비트는 베타인과 안토시아닌 성분이 풍부하게 함유되어 있어 암을 예방하는 효과가 있다. 또한 비타민과 미네랄이 풍부하여 꾸준히 섭취하면 혈관에 쌓인 콜레스테롤 을 배출시키고 혈액을 맑게 해주며 면역력을 높인다. 또한 철분과 엽산이 풍부하여 임산부와 빈혈증상이 있는 사람들에게 좋다.

준비하기 3-4인 분량 / 1시간 정도

재료

비트(중간 크기) 2개(540g), 적양파 1/2개, 루꼴라 50g, 엔다이브 3잎, 소금 1t, 식초 1c, 설탕 100g

드레싱

올리브 오일 2T, 발사믹 식초 2T, 화이트 와인 식초 4T, 설탕 2T, 꿀 2T, 소금 1g, 후추 약간

요리하기

① 비트는 껍질째 깨끗이 씻어 비트가 잠길 정도 물을 붓고(물 6C) 소금 1t, 식초 1C, 설탕 100g을 넣고 약불에서 1시간 정도 푹 삶아 껍질을 벗겨 먹기 좋은 크기로 썰어 놓는다.

② 적양파는 채 썰어 물에 담가 매운맛을 없애고 꺼낸다.

③ 루꼴라와 엔다이브는 씻어 물기를 제거하고 엔다이브는 길게 썰어 놓는다.

④ 볼에 ①, ②, ③을 넣고 드레싱을 섞어 접시에 보기 좋게 담아 낸다.

• 리코타치즈를 곁들이면 좋다.

비트를 푹 삶아야 단맛을 느낄 수 있다. 삶은 비트에 드레싱 3T를 먼저 뿌려 맛이 배도록 하고 야채 위에 올린다.

드레싱만들기

수삼
야채
샐러드 / 220kcal

땅에서 채취한 후에 말리지 않은 인삼을 '수삼'이라고 하는데, 수삼에는 사포닌 성분이 풍부하게 함유되어 있어 면역력을 증가시키고, 뇌세포 보호에 도움을 준다. 또한 혈관 기능을 향상시켜 혈관계 질환을 예방하는데 효과를 볼 수 있으며, 스트레스 해소에도 도움을 준다. 담백하고 소화가 잘 되는 음식과 함께 섭취하는 것이 좋다.

재료

오이 1/2개, 대추 5알, 수삼 2뿌리, 배 1/2개, 샐러리 1줄, 잣가루 2T

드레싱

유자청 1/2C, 꿀 1T, 식초 1T, 소금 약간, 레몬즙 약간

● 요리하기 ●

❶ 수삼은 머리와 뿌리 부분을 떼어 내고 곱게 채를 썬다.

❷ 오이와 대추는 돌려 깎은 후 채 썰고 배도 채를 썬다.

❸ 샐러리 껍질을 벗긴 뒤 채 썬다.

❹ 수삼 뿌리와 유자청을 곱게 다져서 꿀, 레몬즙, 식초를 잘 섞는다.

❺ 준비한 재료를 잘 섞고 위에 잣가루를 뿌린다.

● 드레싱만들기 ●

TIP

샐러드는 드레싱의 칼로리가 높기 때문에 과일청보다는 간장 소스를 이용하는 것이 칼로리를 낮추는데 도움이 된다.

으깬 감자 초절임 샐러드 / 290kcal

• 준비하기 • 2-3인 분량 / 30분

재료
감자 2개, 양파 1/2개, 오이 1/2개, 달걀 1개

드레싱
꿀 1T, 소금 약간, 식초 약간, 플레인 요거트 1/2개

• 요리하기 •

❶ 감자는 껍질을 벗겨 쪄서 뜨거울 때 소금을 1/4t 넣고 으깨어 놓는다.

❷ 양파를 굵게 다져서 식초 물에 10분 담갔다 면보로 꼭 짜 놓는다.

❸ 오이도 길게 잘라서 씨를 제거하고 굵게 다져서 소금 1/2t과 식초 1T를 넣고 절였다 면보로 꼭 짜 놓는다.

❹ 달걀은 삶아서 다져 놓는다.

❺ 으깬 감자에 ②~④와 꿀, 플레인 요거트를 넣고 잘 섞어 마무리 한다.

• 효능 •

감자는 소화가 잘 되며 조금만 먹어도 큰 포만감을 느낄 수 있어 다이어트식으로 좋다. 육류나 유제품과 같은 산성식품과 함께 이용하면 영양의 균형을 잡아 준다. 몸 안의 비타민 C가 부족하면 피부가 어둡게 변하기 쉬운데, 감자의 비타민 C는 환원성이 있으므로 감자를 먹으면 피부 미백에 효과가 있다.

잎채소 샐러드 / 100kcal

샐러드의 재료로 흔히 이용되는 양상추는 식이섬유가 풍부하여 장운동을 돕고 숙변을 제거한다. 또한 알카로이드 성분이 신경을 안정시켜 불면증을 개선하는 효과가 있다. 치커리에는 비타민 A가 다량 함유되어 시신경을 보호하고 시력을 개선하며, 안티빈이라는 성분을 함유하고 있어 소화 장애를 회복시킨다.

재료

양상추 100g, 비타민 50g, 치커리 50g, 어린잎채소 50g, 홍피망 1/4개

드레싱

맛간장 1/3C, 꿀 2T, 식초 2T, 레몬즙 1T, 레드 와인 1T

● 요리하기 ●

❶ 잎채소는 머리가 붙어 있으면 따로 떼어 내서 잘 씻은 뒤 찬물에 담가 놓는다.

❷ 채소를 건져서 키친타월을 깔고 물기를 완전히 제거한다.

❸ 홍피망은 씨를 빼고 채를 썰어서 ②와 같이 섞어 둔다.

❹ 먹기 직전에 샐러드 위에 드레싱을 뿌려서 낸다.

● 드레싱만들기 ●

주꾸미와 새우 샐러드 / 220kcal

주꾸미는 불포화지방산과 DHA가 풍부하여 혈압을 잡아주고 당뇨병을 예방한다. 다량의 타우린도 함유
되어 있어 시력과 근육의 피로를 회복시킨다. 또한 혈중 콜레스테롤 수치를 줄여 주고 숙취를 해소한다.
새우에는 필수 아미노산 외에 단맛을 내는 글리신과 베타인이 있어 고유한 풍미가 있다. 양질의 단백질
과 칼슘, 무기질, 비타민이 풍부하기 때문에 대표적인 강장식품으로 꼽힌다.

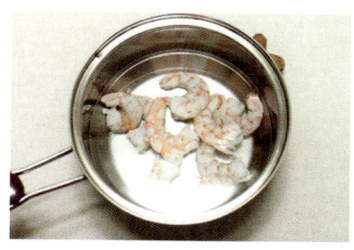

재료

새우 6~7마리, 주꾸미 3~4마리, 오이 1/2개, 샐러리 1줄, 홍피망 1개

드레싱

올리브유 3T, 식초 1t, 레몬즙 1T, 소금 1/4t, 후추 약간

● 요리하기 ●

❶ 새우는 이쑤시개로 등쪽 내장을 빼고 끓는 물에 살짝 데쳐서 껍질과 머리, 꼬리를 제거한다.

❷ 주꾸미는 머리를 뒤집어 내장을 제거하고 주물러 씻은 다음 끓는 물에 데쳐서 식힌다.

❸ 오이는 잘 씻어 씨를 제거하고 어슷썰기를 한다.

❹ 홍피망은 네모지게 썰고 샐러리는 껍질을 벗겨내고 어슷하게 썬다.

❺ 오이를 뺀 재료를 모두 담고 드레싱을 섞어서 버무려 냉장 보관했다가 먹기 전에 오이도 같이 버무려 낸다.

 TIP

주꾸미는 밀가루를 넣고 흐르는 물에 바락바락 주물러 씻어야 빨판의 이물질을 제거할 수 있다.

● 드레싱만들기 ●

해파리 냉채 샐러드 / 120kcal

해파리의 주성분은 단백질과 수분인데, 단백질 중에서도 젤라틴의 형태를 가진다. 젤라틴은 콜라겐의 효능과 유사하여 골밀도를 높이고 피부를 건강하게 하며 탈모를 개선한다. 또 '뮤신'이라는 미끈한 성분이 혈관과 내장에 윤기를 더하여 노화를 방지한다. 해파리는 칼로리가 거의 없기 때문에 먹는 즐거움과 다이어트 효과를 동시에 얻을 수 있는 식품이기도 하다.

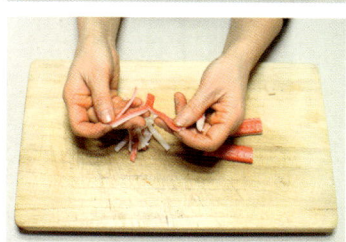

● 준비하기 ●   2-3인 분량 / 30분

재료

해파리 400g, 오이 1/2개, 당근 20g, 홍피망 1/2개, 게맛살 3줄, 식초 1T, 소금 1/2t

드레싱

연겨자 1T, 식초 2T, 설탕 2T, 다진 마늘 1/2T, 간장 1/2t

● 요리하기 ●

❶ 끓는 물에 해파리를 살짝 데쳐서 미지근한 물에 담갔다가 헹궈 물기를 뺀다.

❷ 볼에 해파리를 넣고 식초 1T, 소금 1/2t를 넣고 밑간을 한다.

❸ 홍피망은 씨를 빼고 채를 썰어 놓는다. 오이는 돌려 깎아서 5cm 길이로 채 썰고, 당근도 길이를 맞춰 채를 썰고, 게맛살은 길이를 맞춰서 결대로 뜯어 놓는다.

❹ 재료를 모두 섞어서 드레싱에 잘 버무려 그릇에 담는다.

❶ 해파리를 끓는 물에 오래 두면 오그라든다.

❷ 데쳐도 짠맛이 있으므로 미지근한 물에 담아서 짠맛을 제거한다.

● 드레싱만들기 ●

Part 5
장아찌

가지 장아찌 / 100kcal

가지의 식이섬유는 장내의 노폐물을 제거하고 변비를 개선하여 여러 가지 장 질환을 예방한다. 또 비타민이 다량 함유되어 있어 스트레스를 해소하고 피로를 회복하는데 좋다. 가지에는 특히 '폴리페놀' 이라는 성분이 함유되어 있는데, 암세포 억제율이 높다는 연구결과가 있어 최근 주목을 받고 있다.

재료

가지 4개, 소금 2T, 통깨 약간

절임장

진간장 1과 1/2C, 물 1/2C, 설탕 1/2C, 식초 1/2C

● 요리하기 ●

① 가지는 세로로 반을 잘라 3등분 한다.

② 가지를 소금에 살짝 절인다.

③ 소금에 절인 가지를 꺼내 물기를 꼭 짜낸다.

④ 절임장을 끓여서 완전히 식힌다.

⑤ 물기를 짜낸 가지에 절임장을 붓고 무거운 것으로 눌러 보관한다.

⑥ 필요할 때 썰어서 참기름, 통깨, 과일청을 넣고 무친다.

TIP

① 갈변을 막고 아린 맛을 제거하기 위해 소금에 절인다.

② 너무 오래 절이면 가지가 질겨진다.

③ 소금에 절인 재료는 절임장을 꼭 식혀서 사용한다.

감 장아찌 / 850kcal

감에는 비타민 A, C가 풍부하여
바이러스에 대한 저항력을 높인
다. 따라서 환절기나 겨울 감기
예방에 효과가 좋다. 장아찌로
이용할 감은 전체의 모양이 고르
고 병충해를 입지 않았으며, 곡
지 부분이 깨끗해야 한다. 또한
약간 단단한 것이 좋다.

● 준비하기 ● 5인 이상 / 40-50분

재료

단감 말랭이 500g

절임장

고추장 10T, 물엿 2T, 통깨 1T, 다진 실파 약간, 맛간장 2C(채수 2C, 간장 1/2C)

● 요리하기 ●

❶ 단감을 잘 씻어서 껍질을 벗긴 후, 씨와 꼭지를 제거하고 2등분한다.

❷ 반쪽을 엎어놓고 5~6등분하면 도톰하게 편으로 자른 형태가 된다.

❸ 편으로 자른 단감을 채반에 넣어 꼬들꼬들하게 말린다.

❹ 단감 말랭이를 맛간장에 하루 정도 재운다.

　• 재우는 동안 위아래로 뒤집어 준다.

❺ ④를 고추장과 물엿에 버무려서 용기에 꼭꼭 눌러 놓는다.

❻ 먹을 때 통깨를 뿌리고 실파를 송송 썰어 얹는다.

 TIP

❶ 단감을 말릴 때는 식품 건조기를 이용하면 더욱 편리하게 말랭이를 만들 수 있다.

❷ 단감 3kg을 말리면 500~600g 정도의 말랭이가 된다.

❸ 청양고추를 다져서 같이 버무리면 칼칼하다.

고추 장아찌 / 530kcal

고추는 비타민과 칼슘, 칼륨, 인 등이 풍부
한데, 특히 비타민 C가 다량 함유되어 있
다. 고추의 대표적인 성분인 캡사이신은 항
산화와 항염 효과가 있으며, 지방을 연소시
키고 통증을 진정시키는 효과가 있다.

장아찌로 이용할 고추는 껍질이 두껍고 윤
기가 나며 반으로 갈랐을 때 씨가 적은 것
을 고른다. 껍질이 단단한 것은 매운맛이
강하므로 기호에 따라 선택한다.

재료

풋고추 2kg

절임장

진간장 5C, 물 4C, 소금 1/3C, 설탕 1C, 식초 1과 1/2C, 청주 1C

• 요리하기 •

❶ 고추를 깨끗이 씻어 물기를 제거하고 꼭지를 1cm 정도 남기고 자른다.

❷ 진간장, 물, 소금, 설탕을 한소끔 끓인다.

❸ ②의 불을 끄고 식초, 청주를 섞는다.

❹ 포크로 고추 끝 부분에 구멍을 낸다.

❺ 그릇에 고추를 넣고 식힌 절임장을 붓고 누름돌로 눌러서 시원한 곳에 둔다.

❻ 약 한 달 후부터 먹을 수 있다.

TIP

❶ 오래 두고 먹을 것은 구멍을 적게, 금방 먹을 것은 구멍을 많이 낸다.

❷ 고추 조직이 단단한 것은 절임장이 뜨거울 때 붓는다.

❸ 청양고추는 뜨거운 물에 데쳐서 장아찌를 담근다.

❹ 5일 후 절임장을 다시 끓여 식혀서 붓는다.

장아찌

김 장아찌 / 180kcal

김에는 뼈에 좋은 칼슘이 아주 풍부하게 들어 있어 여성의 골다공증과 골연화증 개선에 도움이 된다. 김에 들어 있는 칼륨은 체내의 나트륨을 배출시키며, 알긴 성분은 콜레스테롤이 흡수되는 것을 막아주기 때문에 꾸준히 섭취하면 고혈압이나 동맥경화 등의 혈관 질환을 개선하는데 도움이 된다. 또 김에는 눈 건강에 좋은 비타민 A가 풍부해 시력이 떨어지는 것을 막아주고 야맹증 예방에 도움이 된다.

재료

김 50장, 대추 3~4알

절임장

진간장 4C, 물 1C, 물엿 1/2C, 설탕 1/4C, 무 200g, 건표고버섯 2~3개, 다시마 1장(10x10), 생강 20g, 양파 1/4개, 건고추(매콤한 것) 2~3개

● 요리하기 ●

❶ 절임장의 재료를 모두 넣고 센불 → 중불로 30분
  간 끓여 체에 밭친 후 식힌다.

❷ 대추를 돌려깎기 해서 돌돌 말아 꽃 모양으로 얇
  게 썰어 놓는다.

❸ 김은 가로와 세로 모두 4등분 한 뒤, 다시 4등분
  한다.

❹ 그릇에 김을 10여장씩 넣으면서 대추 꽃을 넣어
  먹을 때 떼어 내기 쉽게 한다.

❺ 식은 절임장을 ④의 그릇에 천천히 붓는다.

스시김이나 조선김을 사용하며, 물엿은 김이 풀어지지 않게
하기 위해 이용한다.

장아찌

깻잎 장아찌 / 230kcal

깻잎은 비타민 C와 칼륨, 칼슘, 철분 등의 무기질 함량이 많은 대표적인 알칼리성 식품이다. 깻잎의 특유한 향은 정유 성분(perill keton) 때문인데, 이 성분은 천연 방부제 역할을 하여 고기와 생선의 잡냄새를 없애고 맛을 살려주는 역할을 한다. 특히 생선회와 같이 이용하면 식중독을 예방하는 효과를 볼 수 있다.

재료

깻잎 500g

절임장

집된장 500g 이상(2와 1/2C), 생강즙 30g, 조청 1C

● 요리하기 ●

❶ 깻잎을 깨끗이 씻어서 물기를 빼고 가지런히 챙겨 놓는다.

❷ 된장, 생강즙, 조청의 1/2C을 섞고 잘 치대어 놓는다.

❸ 용기 바닥과 옆에 된장을 발라 준다.

❹ 깻잎 뭉치가 크면 한 줌씩 넣고 된장을 넣는 것을 반복한다.

❺ 마지막 맨 위에는 된장으로 덮고 남는 조청으로 덮어 준다.

❻ 3개월 후 된장을 훑어 내고 찜통에서 깻잎을 쪄 먹는다. 된장을 걷어내고 생으로 먹어도 맛있다.

❶ 삼베 주머니에 깻잎을 넣고 주머니 입구를 용기 밖으로 내놓고 깻잎이 된장에서 다 익으면 집게로 집어서 먹을 만큼 꺼내면 편하다.

❷ 된장이 용기 가장자리에 모두 묻어 있어야 한다.

마늘 장아찌 / 110kcal

마늘은 보양 효과가 뛰어난 대표적인 영양 식품으로 알리신 성분이 있어 항균과 항암 작용, 소염 작용이 뛰어나다. 마늘에 함유된 알리신 성분은 지질과 만나면 피를 맑게 하여 세포를 활성화시키고 혈액순환을 촉진하여 인체를 따뜻하게 한다. 마늘로 장아찌를 담그면 생마늘의 효능을 저하시키지 않고 마늘의 자극성을 줄일 수 있어 좋다.

재료

깐마늘 50~60쪽, 생강 30g

절임장

물 6C, 식초 1과 1/4C, 설탕 3/4C, 간장 1C

● 요리하기 ●

❶ 물 : 식초 = 10 : 1로 희석한 용액에(물 6C + 식초 3/4C) 껍질을 까서 잘 씻은 다음에 물기를 제거한 마늘을 넣어서 2주 정도 삭힌다.

• 마늘이 삭으면 물이 노랗게 변한다.

❷ ①을 건져낸 용액 5C, 간장 1C, 설탕 3/4C을 끓여서 불을 끈 다음 식초 1/2C을 넣고 식힌다.

❸ 마늘과 편으로 썬 생강을 넣고 식혀 놓은 절임장을 붓고 2주일 후부터 시식한다.

마늘과 같이 강한 향이 있는 음식을 이용한 후에는 녹차를 마셔주면 좋다. 녹차에 들어 있는 플라보노이드 성분이 마늘의 냄새를 저하시키기 때문이다.

부추 장아찌 / 120kcal

부추에는 칼슘과 철분, 비타민 C와 E가 풍부하게 함유되어 있어 간을 튼튼하게 한다. 또한 부추에는 황화알릴 성분이 들어 있어 꾸준히 섭취하면 피로를 풀어주고 몸의 활력을 높여 정력을 증가시키는 효과를 얻을 수 있다. 부추의 양기는 몸을 따뜻하게 하여 어혈을 풀어주고 혈액을 맑게 하며 혈액순환이 원활하도록 돕는다. 따라서 생리의 양을 증가시키고 생리통을 완화시키며, 냉한 체질을 개선시켜 준다.

재료

부추 500g

절임장

물 2와 1/2C, 간장 1C, 설탕 1/2C, 식초 2C

● 요리하기 ●

❶ 부추를 씻어 키친타월로 물기를 완전히 제거한 후 통에 넣고 무거운 것으로 누른다.

❷ 절임장을 끓여서 뜨거운 상태로 그릇의 가장자리부터 돌려 가며 붓고, 맨 나중에 가운데에 부은 후 뚜껑을 닫는다.

  • 이때 뚜껑은 꼭 닫지 않는다.

❸ 식으면 냉장고에 보관한다.

TIP

❶ 식힌 절임장을 이용하면 저장성이 좋아져 오래 먹을 수 있다.

❷ 부추는 가늘고 질긴 속성이 있으며 저장성이 떨어지기 때문에 가급적 빨리 먹어야 한다.

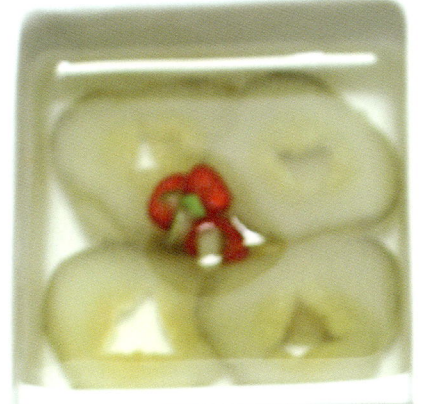

장아찌

오이지 / 450kcal

알칼리성 식품인 오이는 인스턴트 음식 때문에 산성화되어 가는 체질을 개선하는데 도움을 준다. 오이에는 비타민 C가 많아서 피로회복과 면역력 증강에 효과적인데, 오이의 아스코르빈산은 노폐물과 독소를 배출하는 해독작용과 이뇨작용이 뛰어나 부종을 개선하는데 도움을 준다.

오이는 냉국이나 초무침, 장아찌 등에 다양하게 이용할 수 있다. 특히 오이를 장아찌로 담가 오이지를 만들면 생오이에 비해 비타민 B1과 B3의 함량이 높아진다고 한다.

재료

오이 20개

절임장

물 12C, 소금 1과 1/4C

● 요리하기 ●

❶ 오이 표면을 굵은 소금으로 닦고 물로 씻어서 물기를 제거한다.

❷ 물 12C에 소금 1과 1/4C을 넣고 팔팔 끓인다.

❸ 항아리에 오이를 넣은 후, 끓여서 식힌 소금물을 붓는다.

❹ 누름돌로 눌러서 오이가 잠길 정도로 소금물을 붓고 10~15일 후에 이용한다.

오이지 무침

오이지를 썰어 면보로 꼭 짠 후에 고춧가루, 통깨, 참기름을 넣고 무친다. 송송 썬 오이지를 물에 띄워서 여름에 먹으면 감칠맛을 느낄 수 있다.

❶ 오이지는 장마 전에 담가야 무르지 않다.

❷ 가늘고 삼각형 모양의 오이를 고른다.

❸ 오이를 닦을 때는 소금으로 닦는다.

❹ 절임장이 뜨거우면 오이가 물러지므로 식혀 담는다.

❺ 소금과 물의 비율은, 굵은 소금 : 물 = 1 : 10로 한다.

우엉 장아찌 / 400kcal

뿌리 채소인 우엉은 식이섬유가 풍부하여 배변을 촉진하고 장건강에 도움을 준다. 우엉의 이눌린 성분은 장을 깨끗이 하여 신장의 기능을 높이고 이뇨작용에 도움을 주며, 우엉에 함유된 올리고당은 체중을 줄여 주는 효과가 있어 다이어트에 효과적인 식품이다.

아삭아삭한 식감이 있어 주로 조림이나 장아찌로 이용하였는데, 최근에는 항산화 작용과 다이어트 효능을 때문에 차로 많이 마신다.

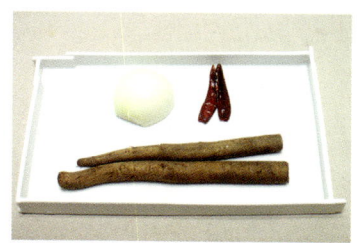

재료

우엉 2대, 건고추 2개, 양파 1/2개

절임장

청주 1/4C, 간장 3/4C, 설탕 1/2C, 식초 1/2C

● 요리하기 ●

❶ 냄비에 물, 간장, 설탕, 식초를 4 : 2 : 1 : 1의
   비율로 섞어서 건고추 2개, 양파 1/2개, 청주
   1/4C을 넣고 끓여서 식힌다.

❷ 칼등으로 우엉의 껍질을 긁어낸 후에 연필깎이
   하듯이 잘라서 뜨거운 물에 데치고 물기를 제거
   한다.

❸ 절임장이 식으면 ②의 우엉에 붓고 3일 후 장만
   따라 내어 다시 끓여 식힌 후 붓는다.

우엉은 너무 건조하지 않으며 껍질이 흠이 없이 매끈하며 잘
랐을 때 부드러운 것이 좋다.

총각무 장아찌 / 450kcal

흔히 '알타리무', '달랑무' 라고 불리는 총각무는 아삭거리는 식감이 뛰어나 예부터 김치의 재료로 많이 쓰였다. 총각무에는 특유의 전분 분해 효소가 들어 있어 소화와 위장 건강에 도움을 준다. 또한 풍부한 식물성 섬유소가 장내의 노폐물을 배출하기 때문에 변비예방에도 효과적이다. 무청에 들어 있는 비타민 C는 사과의 10배에 달할 정도로 풍부하여 비타민 보충에도 좋다.

재료

총각무 1kg, 청양고추 3개, 건고추 2~3개, 통마늘 1통

절임장

진간장 1C, 식초 1C, 소금 2T, 설탕 1/2C

● 요리하기 ●

❶ 총각무를 칼등으로 긁어 무청과 무 사이의 이물질을 제거한다.

❷ 무청도 3cm정도의 길이로 다듬어 잘 씻어 물을 뺀다.

❸ 무를 금방 먹을 것은 얇게, 두고 먹을 것은 두껍게 썰어 둔다.

❹ 간장, 소금, 설탕을 넣고 끓여서 불을 끄고 식초를 넣고 절임장을 식힌다.

❺ 그릇에 ②, ③을 넣고 절임장을 붓는다. 건고추, 청양고추, 통마늘 깐 것을 같이 넣는다.

TIP

무청은 간이 빨리 배어들지 않으므로 맨 마지막에 먹는 것이 좋다.

장아찌

표고버섯 장아찌 / 220kcal

한의학에서는 표고버섯을 '마고' 라고 하여 위장을 튼튼하게
한다고 기록되어 있는데, 소화불량과 식욕부진에 이용하면
바로 효과를 볼 수 있다. 표고버섯은 독이 없으며 원기를 회
복시키고 영양을 보충하며, 혈액순환을 도와 어혈이 생기는
것을 막는다. 베타글루칸이 함유되어 있어 면역력 강화에도
좋은 표고버섯은 인체의 각종 염증 제거에 탁월한 효과가 있
는데, 피부 속에 있는 여드름과 종기의 독을 배출시키는데
탁월한 효과가 있다.

재료

생표고버섯 200g, 고추장 500g 이상, 고운 고춧가루 50g 이상

절임장

간장 1C, 물 1C, 청주 5T, 식초 2T, 설탕 4T, 조청 2T

• 요리하기 •

❶ 표고버섯 기둥을 떼어 내고 끓는 소금물에 잠시 넣었다 빼서 소쿠리에 받쳐 물기를 뺀다.

❷ 절임장을 끓여 식힌다.

❸ 표고버섯에 절임장을 붓고 3~4주간 둔다.

❹ ③의 표고버섯을 꺼내 절임장을 꼭 짜고 고춧가루, 고추장을 잘 섞어서 표고버섯에 버무려 꼭꼭 잰 후 1~2개월 후에 먹는다.

표고버섯을 조리할 때는 키친타월로 물기를 꼭꼭 눌러 뺀 후 사용한다. 건표고버섯은 불려서 이용하는데 이때도 눌러서 물기를 빼준다.

이세용 도예
Lee Se Yong

이세용 작가의 개인 작품 및 생활 자기 등을
전시하고 있습니다.

① 서울 성북구 성북로 100
② 서울 성북구 성북동 184-54 동우화랑
　 02-739-7555
　 http://blog.daum.net/clayman